La cuisine de *Giada*

La cuisine de Giada

L'Italie au goût du jour

Giada De Laurentiis

Photographies par Tina Rupp

éditions

Copyright © 2008 Giada De Laurentiss
Titre original anglais : Giada's Kitchen: New Italian Favorites
Copyright © 2009 Éditions AdA Inc. pour la traduction française
Cette publication est publiée en accord avec Clarkson Potter/Publishers, Crown Publishing Group, une division de Random House.
Tous droits réservés. Aucune partie de ce livre ne peut être reproduite sous quelque forme que ce soit sans la permission écrite de l'éditeur, sauf dans le cas d'une critique littéraire.

Éditeur : François Doucet
Traduction : Lorraine Gagné
Révision linguistique : Isabelle Veillette
Correction d'épreuves : Suzanne Turcotte, Nancy Coulombe
Photographies : Tina Rupp
Graphisme et mise en pages : Matthieu Fortin
ISBN : 978-2-89565-903-7
Première impression : 2009
Dépôt légal : 2009
Bibliothèque et Archives nationales du Québec
Bibliothèque Nationale du Canada

Éditions AdA Inc.
1385, boul. Lionel-Boulet
Varennes, Québec, Canada, J3X 1P7
Téléphone : 450-929-0296
Télécopieur : 450-929-0220
www.ada-inc.com
info@ada-inc.com

Diffusion
Canada:	Éditions AdA Inc.
France:	D.G. Diffusion
	Z.I. des Bogues
	31750 Escalquens — France
	Téléphone : 05.61.00.09.99
Suisse :	Transat — 23.42.77.40
Belgique :	D.G. Diffusion - 05.61.00.09.99

Imprimé en Chine
Participation de la SODEC.
Nous reconnaissons l'aide financière du gouvernement du Canada par l'entremise du Programme d'aide au développement
de l'industrie de l'édition (PADIÉ) pour nos activités d'édition.
Gouvernement du Québec - Programme de crédit d'impôt pour l'édition de livres — Gestion SODEC.

Catalogage avant publication de Bibliothèque et Archives nationales du Québec et Bibliothèque et Archives Canada

De Laurentiis, Giada

    La cuisine de Giada : L'Italie au goût du jour

    Traduction de: Giada's kitchen.
    Comprend un index.

    ISBN 978-2-89565-903-7

    1. Cuisine italienne. I. Titre.

TX723.D42214 2009   641.5945   C2009-940685-3

À tous mes partisans de longue date et aux nouveaux, amusez-vous bien et *buon appetito!*

— gdl

Table des matières

Introduction 9

Antipasti et entrées 13

Soupes, paninis et casse-croûte 41

Salades et légumes 69

Pâtes 97

Viande, volaille et poisson 135

Desserts 169

(Pas) Seulement pour les enfants 201

Menus 232

Remerciements 234

Crédits 234

Index 235

Introduction

Il y a peu de choses dans la vie qui me donnent plus de satisfaction que les aliments, que ce soit pour les manger ou les cuisiner pour les gens que j'aime. Et j'ai toujours su que je passerais ma vie à travailler dans le domaine alimentaire. Pour des raisons évidentes, je préfère les aliments italiens ; j'ai grandi en mangeant et en aimant la cuisine italienne. Mais je n'ai jamais (jamais !) imaginé que cet amour pour la cuisine italienne me conduirait à partager ma passion et mes idées avec tant de gens, et ma vision de ce qu'est et de ce que devrait être la cuisine italienne. Lors de mes premières apparitions au réseau Food Network, il y avait déjà beaucoup de sommités qui avaient fait leur marque dans le domaine culinaire. Je me suis tout d'abord demandé ce que je pouvais apporter de nouveau. Où était ma place ? Quel message pouvais-je bien avoir à transmettre ? Et puis, j'ai pensé à mes racines, à la façon dont ma famille a toujours cuisiné, aux endroits et aux gens dont les aliments continuent à m'inspirer aujourd'hui ; et les idées se sont mises à affluer. Et elles n'ont pas cessé depuis.

J'ai fait un parcours merveilleux depuis cinq ans. Lors de mes émissions au Food Network et dans mes livres de recettes, j'ai eu la possibilité de couvrir toutes les facettes de la cuisine italienne : traditionnelle, saisonnière, régionale, contemporaine, saugrenue et plus encore. Pendant tout ce temps, ma cuisine a évolué et s'est améliorée. Des vieilles recettes de ma grand-mère que j'aime toujours, comme sa verdure *al forno* (légumes rôtis) et son ragoût d'agneau aux pommes de terre et aux oignons cipollinis, jusqu'aux recettes mises à jour que vous trouverez dans ce livre. J'ai trouvé les ajouts qui rendent une recette *parfaite* pour moi.

Maintenant, mon palais réagit plus aux saveurs pures, simples et vibrantes, et mes yeux ne peuvent résister à l'indéniable fraîcheur de bons ingrédients et à l'éclat des

couleurs vives. Les recettes que vous rencontrerez tout au long de ce livre sont à la fois excitantes et santé ; elles sont consistantes, mais pas lourdes (et quelques-unes nous font tricher parce que chacun a besoin de se faire plaisir de temps à autre). Et parce que l'on mange d'abord avec les yeux, je m'assure que chaque présentation soit aussi belle que le plat est délicieux.

En réponse aux demandes sans nombre que j'ai reçues des parents qui adorent cuisiner avec leurs enfants (ou dont les enfants adorent cuisiner), j'ai ajouté un chapitre seulement pour les enfants, avec des recettes plus faciles et pleines de saveurs auxquelles ils ne peuvent résister. La recette d'Orecchiettes avec petites boulettes de poulet est l'une de mes préférées (et elle donne environ soixante-dix boulettes, ce qui vous fera beaucoup de restes pour les joyeux petits campeurs).

Ces recettes reflètent ce que mes lecteurs et mes téléspectateurs m'ont demandé pour les repas qu'ils préparent, recettes qui, je le sais, seront toujours bien accueillies.

Elles sont la somme de cinq années de leçons que j'ai apprises, ainsi que celles que j'ai partagées depuis le début de mon cheminement dans *Everyday Italian*. Je n'ai jamais oublié que cuisiner et manger sont une expérience partagée, et mon but en tant que chef est de m'assurer que l'expérience « *Everyday* » sera inoubliable pour vous et votre famille. J'espère que vous trouverez d'autres recettes qui deviendront vos favorites dans ce livre, et que vous passerez des moments merveilleux qui deviendront inoubliables. xo

Antipasti et entrées

STRATA DE TOMATES FRAÎCHES ET FROMAGE DE CHÈVRE AVEC HUILE AUX FINES HERBES
GÂTEAU AU FROMAGE ET AUX POIVRONS ROUGES
PECORINO ROMANO AVEC POMMES ET CONFITURE DE FIGUES
BRUSCHETTA À LA MÉDITERRANÉENNE
CHAMPIGNONS STYLE TOSCAN
BROCHETTES DE TOMATES, DE PASTÈQUE ET DE BASILIC
MOZZARELLA FUMÉE CROUSTILLANTE AVEC FIGUES ET MIEL
CROSTATA AVEC CHAMPIGNONS ET PANCETTA
CROSTATA AVEC POMMES, NOIX DE GRENOBLE ET GORGONZOLA
MUFFINS AU MAÏS, À L'AIL ET AUX TOMATES SÉCHÉES AU SOLEIL
MUFFINS À L'HUILE D'OLIVE
CRAQUELINS AU PECORINO
MARTINI AUX POMMES ET AU THYM
SIROP SIMPLE AU THYM
BELLINIS À LA GRENADE ET AUX CANNEBERGES
SIROP SIMPLE
AMARETTO SOUR AVEC PROSECCO

ANTIPASTI ET ENTRÉES

On ne sait pas pourquoi, mais plusieurs sont embêtés lorsqu'il s'agit de préparer des antipasti. La plupart achètent des hors-d'œuvre au magasin ou une assiette de fruits et de fromages, ou encore des crudités avec des trempettes ; pourtant, il y a tellement de possibilités intéressantes autres que ces plats qui manquent d'originalité. Aux États-Unis comme en Italie, le but d'un antipasto ou d'une entrée est le même : aiguiser l'appétit sans le combler, tout en restant léger. En Italie, évidemment, l'antipasto est généralement le premier des cinq services, mais peu d'Américains sont d'accord pour avoir de ces interminables repas à moins d'avoir une occasion spéciale. Cela ne veut pas dire que vous ne pouvez pas changer un peu la tradition italienne. Je me plais à mélanger les traditions américaines et italiennes en ce qui a trait aux antipasti, qui peuvent être servis tant en entrée pour un repas plus formel qu'en hors-d'œuvre à un cocktail. Ils sont tous faciles à faire (plusieurs peuvent être préparés à l'avance), mais leur vue vous impressionnera, et leurs couleurs vives comme leurs saveurs vous prépareront au repas qui s'annonce.

Strata de tomates fraîches et de fromage de chèvre avec huile aux fines herbes

Lorsque je reçois, je préfère habituellement servir des plats que je peux préparer à l'avance, mais je fais une exception pour celui-ci. Il doit être assemblé à la dernière minute ; mais si vous voulez quelque chose de particulièrement beau pour commencer votre dîner, il en vaut la peine. Le goût de la menthe ressort bien, et l'ensemble des couleurs est étonnant, spécialement si vous utilisez une variété de tomates anciennes.

4 à 6 portions

Garniture au fromage de chèvre
- 235 ml (8 oz) de fromage de chèvre à la température ambiante
- 60 ml (¼ tasse) de crème riche en matières grasses
- 1 pincée de sel et de poivre noir fraîchement moulu
- 250 ml (1 tasse) de noix de Grenoble en morceaux
- 3 tomates mûres, épépinées et coupées en tranches de 1 à 2 cm (½ à ¾ po) d'épaisseur

Huile aux fines herbes
- 190 ml (¾ tasse) de feuilles de menthe fraîche
- 190 ml (¾ tasse) de feuilles de basilic frais
- 250 ml (1 tasse) d'huile d'olive
- 1 pincée de sel et de poivre noir fraîchement moulu

Pour préparer la garniture, combiner le fromage de chèvre et la crème dans un bol de taille moyenne, et battre à l'aide d'un malaxeur électrique, jusqu'à ce que le tout soit léger et moelleux. Assaisonner avec le sel et le poivre.

Pour préparer l'huile aux fines herbes, combiner les herbes et les hacher au robot culinaire. Ajouter lentement l'huile en un mince filet continu, tout en laissant le robot en marche, et mélanger jusqu'à ce que ce soit très lisse, avec des particules d'herbes visibles. Assaisonner avec le sel et le poivre, et mélanger, puis transférer l'huile dans un petit bol ; couvrir avec une pellicule plastique et réserver.

Faire griller les noix de Grenoble à feu moyen dans une petite poêle sèche jusqu'à ce qu'elles commencent à dorer légèrement et soient odorantes. (Vous pouvez aussi les faire griller sur une plaque à pâtisserie munie d'un rebord, au four, à 180 °C [350 °F], environ 10 minutes.) Transférer les noix sur une planche à découper pour leur permettre de refroidir un peu, puis les hacher grossièrement.

Placer la moitié des tranches de tomates sur une assiette de service et les recouvrir avec une bonne cuillérée du mélange au fromage de chèvre. Déposer une seconde tranche de tomate sur le dessus, et ajouter une autre cuillérée de fromage. Verser un filet d'huile aux fines herbes sur la strata, et saupoudrer de noix.

Note : Vous pouvez garder le reste de l'huile au réfrigérateur dans un contenant couvert ; elle gardera sa saveur pendant un jour ou deux. Vous pouvez en arroser le poisson grillé, les légumes, les pâtes, et vous en servir dans la vinaigrette pour ajouter un goût de fines herbes.

Gâteau au fromage et aux poivrons rouges

Malgré la garniture aux abricots, ce plat est savoureux, mais ce n'est pas un dessert. C'est un ajout époustouflant à un buffet d'antipasti. Assurez-vous de bien assécher les poivrons rouges avec un essuie-tout et de ne pas les couper trop finement, car ils teinteraient le fromage en rose. Notez que la grandeur de la poêle n'est pas courante, alors assurez-vous d'avoir la bonne taille avant de commencer la recette.

4 à 6 portions

- 125 ml (4 oz) de fromage ricotta à la température ambiante
- 125 ml (4 oz) de fromage à la crème à la température ambiante
- 60 ml (2 oz) de fromage de chèvre à la température ambiante
- 15 ml (1 c. à soupe) de sucre
- 1 œuf
- Sel casher
- 2 pots de poivrons rouges rôtis, coupés en fines lanières et en 2 (environ 125 ml [½ tasse])
- 4 pitas
- 30 ml (2 c. à soupe) d'huile d'olive
- Poivre noir fraîchement moulu
- 60 ml (¼ tasse) de confiture d'abricots
- 5 à 10 ml (1 à 2 c. à thé) d'eau chaude

Préchauffer le four à 180 °C (350 °F). Tapisser l'extérieur d'un moule à charnière de 12 cm (4½ po) avec 2 épaisseurs de papier d'aluminium épais.

Placer la ricotta, le fromage à la crème et le fromage de chèvre dans un robot culinaire, et mélanger. Ajouter le sucre, l'œuf et 1 pincée de sel, et mélanger jusqu'à ce que ce soit homogène, épais et crémeux. Incorporer les lanières de poivrons rouges avec une spatule de caoutchouc. Mettre le mélange dans le moule.

Placer le moule dans une rôtissoire et y verser de l'eau chaude jusqu'à la moitié du moule. Cuire jusqu'à ce que le gâteau au fromage soit doré sur les bords et que le centre bouge un peu lorsqu'on agite le moule, environ 45 minutes (le gâteau devient ferme en refroidissant). Transférer le gâteau sur une grille pour qu'il refroidisse (environ 1 heure). Réfrigérer jusqu'à ce qu'il soit froid, au moins 3 heures, et jusqu'à 2 jours.

Pour préparer les croustilles de pita,
préchauffer le four à 180 °C (350 °F).

Couper chaque pita en 8 pointes (comme une tarte). Placer les pointes sur des plaques à pâtisserie munies de rebords. Verser un filet d'huile d'olive, et saupoudrer de sel et de poivre. Cuire jusqu'à ce qu'elles soient croustillantes et dorées, environ 12 à 15 minutes.

Pour servir,
combiner la confiture et l'eau chaude dans un petit bol, et mélanger jusqu'à ce que la confiture soit liquide. Enlever le gâteau au fromage du moule et le placer sur une assiette de service. Arroser avec la confiture. Servir avec les croustilles de pita en accompagnement.

Pecorino romano avec pommes et confiture de figues

Voici pourquoi j'aime ces bouchées : leur présentation est belle, et elles sont beaucoup plus sophistiquées que la simplicité des ingrédients pourrait le laisser entendre. Elles se mangent en deux bouchées pleines de saveurs soutenues : tout d'abord, une bouchée de fromage, puis ce goût acidulé et croquant de la pomme avec cet arrière-goût sucré familier des figues. Vous avez là une combinaison fantastique. Utilisez de la confiture de figues sur tout, des crêpes aux côtelettes de porc.

4 à 6 portions

6 figues séchées, coupées en 2
125 ml (½ tasse) de Sirop simple (page 38)
30 ml (2 c. à soupe) de brandy
60 ml (¼ tasse) de noisettes grillées, hachées (voir Note)
24 tranches de baguette
Huile d'olive
125 ml (½ tasse) de fromage pecorino romano, fraîchement râpé
1 grosse pomme (Granny Smith ou Braeburn)
115 g (¼ lb) de fromage pecorino romano (1 morceau), pour faire 24 copeaux

Note : Pour faire griller les noix, les mettre dans une petite poêle sèche à fond épais sur un feu moyen, et les laisser chauffer de 8 à 10 minutes, jusqu'à ce qu'elles commencent à dorer et à dégager leur arôme. Les étendre sur une plaque à pâtisserie pour leur permettre de refroidir avant de les manipuler.

Préchauffer le four à 190 °C (375 °F).

Combiner les figues, le Simple sirop et le brandy dans une petite casserole. À feu moyen, porter le mélange à ébullition, puis fermer le feu, et réserver pendant 10 minutes pour laisser aux figues le temps de gonfler et de refroidir un peu. Transférer le mélange de figues dans un robot culinaire, ajouter les noisettes et donner quelques impulsions, jusqu'à l'obtention d'une purée. Réserver.

Placer les tranches de baguette sur une plaque à pâtisserie épaisse et verser un filet d'huile d'olive dessus. Recouvrir chaque tranche de 5 ml (1 c. à thé) de fromage pecorino romano râpé. Cuire au four jusqu'à ce que le pain soit grillé, et que le fromage soit fondu et doré, environ 7 minutes.

Couper la pomme en quartiers et en enlever les parties du cœur. Couper chaque quartier en 6 tranches minces.

Sur chaque rôtie, ajouter 10 ml (2 c. à thé) de confiture de figues, 1 tranche de pomme et 1 copeau de fromage pecorino romano. Placer les rôties sur une assiette, et servir.

Bruschetta à la méditerranéenne

La plupart des maisons italiennes ont ces ingrédients sous la main dans le garde-manger; en fait, c'est la collation que ma mère nous préparait lorsque nous revenions de l'école. J'ai changé un peu la recette en y ajoutant de la menthe pour en faire un antipasto qui a du punch.

Donne environ 16 rôties ; 4 à 6 portions

Pain
- 1 pain ciabatta de 455 g (1 lb) coupé en tranches de 1 cm (½ po) d'épaisseur (environ 16 tranches)
- 60 ml (¼ tasse) d'huile d'olive
- Jus de 1 citron (environ 45 ml [3 c. à soupe])
- 5 ml (1 c. à thé) d'origan séché
- Sel, et poivre noir fraîchement moulu

Garniture
- 1 contenant de 420 ml (15 oz) de fromage ricotta au lait entier
- 2 grosses tomates, étrognées, épépinées et coupées en dés (environ 500 ml [2 tasses])
- 45 ml (3 c. à soupe) de feuilles de menthe fraîche, hachées, plus pour garnir
- 2.5 ml (½ c. à thé) de sel
- 1,25 ml (¼ c. à thé) de poivre noir fraîchement moulu

Placer une plaque à pâtisserie sur un feu moyen-vif, ou préchauffer le réchaud à gaz ou le barbecue. Verser un filet d'huile d'olive sur les tranches de pain. Faire griller jusqu'à ce que le pain soit doré des deux côtés, de 2 à 3 minutes par côté. Transférer le pain dans une assiette et presser le jus de citron sur les tranches. Saupoudrer d'origan séché, de sel et de poivre.

Dans un bol moyen, combiner la ricotta, les tomates, la menthe, le sel et le poivre. Remuer doucement pour mélanger.

Pour servir, déposer à la cuillère la garniture de fromage sur le pain et ajouter de la menthe hachée, ou placer la garniture de fromage décorée de menthe dans un bol, et servir avec le pain grillé à côté.

Champignons style toscan

Si vous trouvez que les champignons farcis sont insipides, vous serez surpris de goûter à ceux-ci : leurs saveurs sont assez soutenues. Ils sont bons au sortir du four ou à la température ambiante, et ils sont un bon choix de hors-d'œuvre pour ceux qui ne mangent pas de viande.

4 à 6 portions

- 125 ml (½ tasse) de poivrons rouges rôtis en conserve, coupés en dés
- 125 ml (½ tasse) d'olives vertes, dénoyautées et coupées en dés
- 125 ml (½ tasse) de fromage pecorino romano, fraîchement râpé
- 2 oignons verts (la partie blanche seulement), finement hachés
- 30 ml (2 c. à soupe) d'huile d'olive extra vierge
- 2,5 ml (½ c. à thé) de sel
- 1,25 ml (¼ c. à thé) de poivre noir fraîchement moulu
- 455 g (1 lb) de champignons blancs, nettoyés et équeutés
- 60 ml (¼ tasse) de feuilles de basilic frais, finement haché

Préchauffer le four à 200 °C (400 °F). Tapisser une plaque à pâtisserie d'un papier parchemin.

Dans un bol moyen, mélanger les poivrons rouges rôtis, les olives, le fromage, les oignons verts, l'huile d'olive, le sel et le poivre.

Déposer les champignons sur la plaque à pâtisserie, la partie des lamelles sur le dessus. À l'aide d'une cuillère, déposer la garniture dans les cavités des champignons tout en créant un léger monticule. Cuire jusqu'à ce qu'ils soient tendres, environ 20 minutes.

Transférer les champignons dans une assiette de service, saupoudrer de basilic haché, et servir.

Brochettes de tomates, de pastèque et de basilic

Chacun semble aimer cette simple combinaison de saveurs pures et fraîches. Si ce n'est pas la saison de la pastèque, vous pouvez utiliser du cantaloup; mais pour obtenir un éclat de saveur pure qui rehausse le goût des fines herbes des tomates, rien ne bat la pastèque. Entasser les brochettes à la verticale pour les servir donne un coup d'œil très élégant.

6 à 8 portions

60 ml (¼ tasse) de vinaigre balsamique
60 ml (¼ tasse) de sucre
1 pastèque de 1,8 à 2,3 kg (4 à 5 lb), sans pépins
60 petites feuilles de basilic (ou des grandes hachées)
16 tomates cerise, coupées en 2
30 ml (2 c. à soupe) d'huile d'olive extra vierge
Gros sel ou sel casher

Équipement spécial : 16 brochettes de bois de 15 cm (6 po)

Combiner le vinaigre balsamique et le sucre dans une petite poêle non réactive. Porter à ébullition sur un feu moyen en brassant de temps à autre, jusqu'à ce que le sucre soit dissous. Retirer du feu et laisser refroidir.

Couper le dessus et le dessous de la pastèque, puis couper les quatre côtés pour obtenir un cube de pastèque sans pelure. Couper le cube en tranches de 3,5 cm (1½ po), puis couper les tranches en cubes de 3,5 cm (1½ po). Préparer la brochette en piquant d'abord 1 feuille de basilic, puis enfiler 1 cube de pastèque, puis ½ tomate. Continuer avec 1 autre cube de pastèque, 1 feuille de basilic et ½ tomate en terminant par 1 feuille de basilic. Préparer ainsi 15 autres brochettes.

Verser en filet le sirop balsamique réservé et l'huile d'olive sur les brochettes. Saupoudrer de sel. Servir.

Mozzarella fumée croustillante avec figues et miel

Réellement, il n'y a pas beaucoup de bouchées meilleures que la mozzarella frite avec un filet de sirop sucré. Il m'a été donné de goûter un plat semblable à Santorin, mais il était préparé avec du fromage feta ; je fais la recette avec de la mozzarella fumée, qui a un goût aussi salé, mais qui est un peu plus crémeuse. Le fait que le fromage soit fumé équilibre bien la suavité des figues.

6 portions

- 6 feuilles de pâte phyllo, décongelée si congelée
- 175 g (6 oz) de mozzarella fumée, à la température ambiante, coupée en 6 lanières de même taille
- Huile végétale, pour la friture
- 235 g (8 oz) de figues séchées, équeutées et coupées en quartiers
- 190 ml (¾ tasse) de miel, plus pour garnir
- 15 ml (3 c. à thé) de graines de sésame noires

Dérouler les feuilles de pâte phyllo, les déposer sur une surface sèche, puis les recouvrir d'un linge humide pour les empêcher de se casser. Prendre 1 feuille et la déposer verticalement sur la table de travail, le côté court vers vous. Déposer 1 lanière de fromage près du bout de la feuille. Replier le bout sur le fromage, sans trop serrer, puis replier les côtés à l'intérieur. Continuer à replier jusqu'à l'obtention d'un beau paquet d'environ 9 à 10 cm (3½ à 4 po). Faire les 5 autres paquets avec le reste du fromage et de la pâte phyllo.

Dans une grande casserole, faire chauffer à feu moyen 2,5 cm (1 po) d'huile végétale à 180 °C (350 °F). Faire frire les paquets de fromage et de pâte phyllo, 2 ou 3 à la fois, jusqu'à ce qu'ils soient dorés, environ 2 minutes de chaque côté. Égoutter sur une plaque à pâtisserie recouverte d'un essuie-tout.

Durant la friture, combiner les figues et le miel dans une petite casserole, et faire chauffer à feu doux jusqu'à ce que le miel soit chaud.

Pour servir, placer 1 paquet de fromage sur une assiette et, à l'aide d'une cuillère, déposer un peu de figues sur chaque paquet de fromage, puis verser un filet de miel. Saupoudrer avec les graines de sésame noires.

Crostata avec champignons et pancetta

Une crostata est une tarte de forme irrégulière que l'on peut servir soit comme dessert, soit comme entrée élégante remplie d'ingrédients savoureux.

4 portions

Pâte à tarte
- 375 ml (1½ tasse) de farine tout usage
- 2,5 ml (½ c. à thé) de sel
- 45 ml (3 c. à soupe) de beurre non salé froid, coupé en petits morceaux
- 125 ml (½ tasse) de fromage mascarpone
- 22,5 ml (1½ c. à soupe) de jus de citron
- 45 ml (3 c. à soupe) d'eau glacée

Garniture aux champignons
- 60 ml (4 c. à soupe) d'huile d'olive
- 55 g (2 oz) de pancetta coupée en dés
- 2 échalotes françaises, émincées
- 455 g (1 lb) de champignons mélangés, comme les champignons de Paris, les shiitakes et les de champignons café
- 15 ml (1 c. à soupe) de thym frais, haché
- 2,5 ml (½ c. à thé) de sel
- 1,25 ml (¼ c. à thé) de poivre noir fraîchement moulu
- 80 ml (⅓ tasse) de fromage mozzarella fumée, râpé (30 g [1 oz])
- 80 ml (⅓ tasse) de fromage fontina, râpé (30 g [1 oz])
- 30 ml (2 c. à soupe) de fromage parmesan fraîchement râpé

- 1 gros œuf, légèrement battu

Pour la pâte : Dans un robot culinaire, mettre la farine et le sel, et donner quelques impulsions pour mélanger. Ajouter le beurre, et continuer à mélanger jusqu'à ce qu'il soit en petits morceaux et que le mélange ressemble à de la semoule. Ajouter le mascarpone et le jus de citron, et donner encore quelques impulsions. Verser l'eau glacée, et faire fonctionner le robot jusqu'à ce que le mélange soit humide et grumeleux, mais ne forme pas une boule. Transférer la pâte sur une pellicule plastique, et la presser pour former un disque. Bien l'envelopper, et réfrigérer pendant 20 minutes.

Pour la garniture aux champignons : Dans une grande poêle, faire chauffer à feu moyen-vif 30 ml (2 c. à soupe) de l'huile d'olive. Ajouter la pancetta, et cuire jusqu'à ce qu'elle soit dorée et croustillante, environ 4 minutes. À l'aide d'une cuillère à égoutter, transférer la pancetta cuite dans un petit bol. Ajouter les 30 ml (2 c. à soupe) restants d'huile dans la poêle. Mettre les échalotes françaises, et cuire pendant 30 secondes. Ajouter les champignons et cuire en brassant constamment, jusqu'à ce que toute l'eau se soit évaporée, environ 12 minutes. Retirer du feu et y ajouter la pancetta, le thym frais, le sel et le poivre. Laisser refroidir pendant 10 minutes.

Placer la grille au tiers inférieur du four, et le préchauffer à 200 °C (400 °F).

Déballer la pâte et la placer sur une feuille de papier parchemin. La rouler en un cercle de 27 cm

(11 po), d'environ 0,5 cm (¼ po) d'épaisseur. Lever le papier parchemin et le transférer avec la pâte sur la plaque à pâtisserie.

Mélanger la mozzarella et la fontina avec la garniture aux champignons refroidie, et l'étendre au centre de la pâte tout en laissant une bordure de 5 cm (2 po). Saupoudrer la garniture de parmesan. Replier le tour de la pâte pour obtenir une tarte de 20 cm (8 po). Badigeonner la pâte avec l'œuf.

Faire cuire la crostata jusqu'à ce que la croûte soit dorée, environ 25 minutes. Couper en pointes, et servir.

Crostata avec pommes, noix de Grenoble et gorgonzola
4 portions

Garniture aux pommes
- 45 ml (3 c. à soupe) de beurre non salé
- 4 petites pommes Granny Smith, pelées, étrognées et coupées en tranches de 0,5 cm (¼ po) d'épaisseur
- 60 ml (¼ tasse) de sucre
- 3,5 ml (¾ c. à thé) de cannelle moulue
- 15 ml (1 c. à soupe) de jus de citron
- 5 ml (1 c. à thé) de zeste de citron râpé
- 125 ml (½ tasse) de noix de Grenoble hachées
- 80 ml (⅓ tasse) de fromage gorgonzola émietté

- Pâte à tarte refroidie (voir ci-contre pour la recette), ajouter 15 ml (1 c. à soupe) de sucre avec les ingrédients secs
- 1 gros œuf, légèrement battu

Pour la garniture aux pommes :
Dans une grande poêle antiadhésive, faire fondre le beurre à feu moyen. Ajouter les tranches de pommes, le sucre et la cannelle, et cuire pendant 5 minutes en brassant fréquemment, jusqu'à ce que les pommes aient ramolli mais ne soient pas pâteuses. Laisser refroidir 10 minutes. Ajouter le jus et le zeste de citron, les noix et le fromage gorgonzola.

Placer la grille au tiers inférieur du four, et le préchauffer à 200 °C (400 °F).

Déballer la pâte refroidie et la placer sur une feuille de papier parchemin. La rouler en un cercle de 27 cm (11 po), d'environ 0,5 cm (¼ po) d'épaisseur. Lever le papier parchemin et le transférer avec la pâte sur la plaque à pâtisserie.

Verser le mélange aux pommes refroidi, et l'étendre au centre de la pâte tout en laissant une bordure de 5 cm (2 po). Replier le tour de la pâte pour obtenir une tarte de 20 cm (8 po). Badigeonner la pâte avec l'œuf.

Faire cuire la crostata jusqu'à ce que la croûte soit dorée, environ 25 minutes. Laisser refroidir pendant 10 minutes sur la plaque à pâtisserie avant de la couper.

31

Muffins au maïs, à l'ail et aux tomates séchées au soleil

J'aime les muffins au maïs ; c'est pourquoi je suis toujours à l'affût de nouvelles idées pour raviver ces traditionnels muffins, qui peuvent parfois être quasi insipides. Ceux que je vous propose vous font la surprise de petits flocons de tomates séchées au soleil et de grains de maïs tendres ; et l'ail les rend tellement complets qu'ils ne nécessitent pas de beurre ni d'autre garniture.

Donne 16 muffins

- 2 paquets de 240 ml (8½ oz) chacun de mélange à muffins au maïs
- 165 ml (⅔ tasse) de tomates séchées au soleil (d'un contenant de 235 ml [8 oz])
- 500 ml (2 tasses) de grains de maïs congelés, décongelés
- 3 gousses d'ail, émincées
- 165 ml (⅔ tasse) de babeurre
- 165 ml (⅔ tasse) de crème sure
- 2 gros œufs battus

Préchauffer le four à 190 °C (375 °F). Placer des moules en papier dans un moule de 16 muffins, ou graisser les moules.

Dans un grand bol, combiner le maïs, le mélange à muffins, l'ail et les tomates. Remuer pour mélanger. Ajouter le babeurre, la crème sure et les œufs, et brasser jusqu'à ce que le mélange soit parfait.

À l'aide d'une cuillère, verser le mélange dans les moules jusqu'à mi-hauteur. Cuire au four jusqu'à ce que les muffins soient dorés ou qu'un cure-dents inséré au centre d'un muffin en ressorte propre, environ 15 minutes.

Muffins à l'huile d'olive

De l'huile d'olive dans un muffin ? Cela peut vous paraître étrange, mais la première chose que vous goûterez en mangeant ces muffins sera le zeste des agrumes et les amandes, non la saveur fruitée de l'huile d'olive. Cette dernière donne aux muffins une consistance moelleuse, plus délicate et plus riche.

Donne 12 muffins

- 440 ml (1¾ tasse) de farine tout-usage
- 10 ml (2 c. à thé) de levure chimique
- 2,5 ml (½ c. à thé) de sel
- 250 ml (1 tasse) de sucre granulé
- 4 gros œufs
- 10 ml (2 c. à thé) de zeste d'orange râpé
- 10 ml (2 c. à thé) de zeste de citron râpé
- 30 ml (2 c. à soupe) de vinaigre balsamique
- 30 ml (2 c. à soupe) de lait entier
- 190 ml (¾ tasse) d'huile d'olive extra vierge
- 165 ml (⅔ tasse) d'amandes tranchées, rôties (voir Note)
- Sucre glace, pour tamiser

Préchauffer le four à 180 °C (350 °F). Déposer des moules en papier dans un moule de 12 muffins.

Dans un bol moyen, combiner la farine, la levure chimique et le sel. Dans un grand bol, passer au malaxeur le sucre granulé, les œufs et les zestes, jusqu'à ce que le tout soit pâle et mousseux, environ 3 minutes. Ajouter tout en brassant le vinaigre et le lait, puis, graduellement, l'huile. Ajouter la préparation de farine et travailler à la main jusqu'à obtention d'un mélange homogène. Écraser les amandes avec vos mains en les incorporant, jusqu'à ce que le tout soit bien mélangé. Remplir les moules de papier presque jusqu'au bord. Cuire jusqu'à ce que le dessus soit doré et qu'un cure-dents inséré au centre d'un muffin en ressorte avec un peu de miettes, environ 20 à 25 minutes. Transférer sur une grille, et laisser refroidir 10 minutes dans le moule, puis tourner les muffins sur la grille, et les laisser refroidir pendant 5 minutes encore. Tamiser du sucre glace sur les muffins, et servir.

Note : Pour faire griller les amandes, les étendre sur une plaque à pâtisserie, et cuire à 180 °C (350 °F) de 6 à 8 minutes, en les remuant une ou deux fois. Bien surveiller pour qu'elles ne brûlent pas.

Craquelins au pecorino

Ces petits craquelins remplis de saveur sont un mélange parfait de goût de fromage et de texture feuilletée. J'en ajoute à ma corbeille à pain, je les émiette sur les salades et je les sers sur les soupes. Ils se gardent bien dans un sac de plastique, alors doublez la recette ; vous trouverez plusieurs façons de les utiliser.

Donne 24 craquelins

- 310 ml (1¼ tasse) de pecorino romano râpé
- 2,5 ml (½ c. à thé) de sel
- 1,25 ml (¼ c. à thé) de poivre noir fraîchement moulu
- 0,5 ml (⅛ c. à thé) de poivre de Cayenne
- 125 ml (½ tasse) de beurre non salé, à la température ambiante
- 250 ml (1 tasse) de farine tout usage

Préchauffer le four à 180 °C (350 °F). Tapisser une ou deux plaques à pâtisserie avec du papier parchemin.

Combiner le fromage, le sel, le poivre noir et le poivre de Cayenne dans un bol moyen, et remuer pour mélanger. Ajouter le beurre. À l'aide d'un batteur électrique, battre le mélange de fromage et le beurre. Ajouter la farine, 60 ml (¼ tasse) à la fois, en brassant jusqu'à ce qu'elle soit incorporée et que le mélange se tienne bien.

Sur les plaques à pâtisserie, déposer des boules de pâte d'environ 15 ml (1 c. à soupe) en les écrasant un peu avec vos doigts. Cuire jusqu'à ce qu'elles soient un peu dorées sur les bords, environ 15 minutes. Laisser refroidir quelques minutes sur les plaques à pâtisserie, puis les transférer sur une assiette de service.

Martini aux pommes et au thym

À Seattle, où j'ai goûté pour la première fois à ce cocktail, les martinis sont servis avec un rameau de sapin de Douglas. Le sirop au thym rappelle ce goût herbacé, et les petites boules de pommes lui donnent une allure originale. C'est un cocktail génial.

4 portions

Glace
300 ml (10 oz) de vodka
185 ml (6 oz) de jus de pomme
60 ml (¼ tasse) de Sirop simple au thym
   (la recette suit)
1 grosse pomme, pelée
4 branches de thym frais

Mettre 4 verres à martini au congélateur.

Remplir de glace un coquetelier. Ajouter la vodka, le jus de pomme et le sirop au thym, et brasser pendant environ 10 secondes. Verser dans chacun des 4 verres à martini glacés.

À l'aide d'une cuillère parisienne, creuser la pomme pour former des petites boules. Placer 3 boules de pomme et une branche de thym dans chaque verre pour garnir. Servir immédiatement.

Sirop simple au thym

Donne 1 tasse

250 ml (1 tasse) de sucre
5 grosses branches de thym frais

Dans une poêle, combiner le sucre, le thym et 125 ml (½ tasse) d'eau. Porter à ébullition à feu moyen, puis réduire la chaleur et laisser mijoter jusqu'à ce que le sucre soit dissous, environ 5 minutes. Retirer du feu et laisser refroidir le sirop. S'il reste du sirop, on peut le conserver jusqu'à 1 semaine (une fois refroidi) au réfrigérateur dans un contenant hermétique.

Bellinis à la grenade et aux canneberges

Nous trouvons des grenades et des canneberges en abondance à l'automne, ce qui nous permet de faire des cocktails pour les soirées des Fêtes.

8 à 12 portions

250 ml (1 tasse) de glace
375 ml (1½ tasse) de Sirop simple (la recette suit)
310 ml (1¼ tasse) de jus de grenade froid
250 ml (1 tasse) de jus de canneberge froid
1 bouteille de 750 ml (3 tasses) de Prosecco froid
2 limes, finement tranchées
1 bouquet de menthe fraîche, pour garnir
125 ml (½ tasse) de pépins de grenade, pour garnir

Équipement spécial : un bol à punch d'une capacité de 1,5 à 2 l (6 à 8 tasses)

Déposer la glace dans le bol à punch. Ajouter le Sirop simple, le jus de grenade et le jus de canneberge. Bien remuer. Ajouter le Prosecco lentement. Garnir avec des tranches de lime, des feuilles de menthe et des pépins de grenade, et servir.

Une façon différente de servir ce cocktail est de préparer le mélange dans un pichet de 1,5 à 2 l (6 à 8 tasses). Diviser les pépins de grenade dans 12 flutes à champagne, ajouter 1 tranche de lime et 1 feuille de menthe dans chaque verre, et y verser le mélange de boisson.

Sirop simple

Donne 250 ml (1 tasse)

250 ml (1 tasse) d'eau
250 ml (1 tasse) de sucre

Dans une poêle à feu moyen, combiner le sucre et l'eau. Porter à ébullition, puis réduire la chaleur, et laisser mijoter jusqu'à ce que le sucre soit dissous, environ 5 minutes, en remuant à l'occasion. Retirer du feu et laisser refroidir le sirop.

Amaretto Sour avec Prosecco

4 à 6 portions

125 ml (½ tasse) de sucre plus 80 ml (⅓ tasse) pour sucrer les bords des verres
Zeste de 1 lime
Zeste et jus de 1 citron, plus 1 citron coupé en 2
750 ml (3 tasses) de Prosecco
125 ml (½ tasse) de liqueur d'Amaretto
Cubes de glace
Tranches de citron et de lime, pour garnir

Dans une petite casserole, combiner 125 ml (½ tasse) de sucre et 60 ml (¼ tasse) d'eau. Porter à ébullition à feu moyen, puis laisser mijoter à feu doux pendant 5 minutes, en brassant de temps à autre. Laisser refroidir environ 20 minutes.

Dans un bol peu profond, combiner les 80 ml (⅓ tasse) restants du sucre, avec les zestes de lime et de citron. Passer ½ citron sur le bord de chaque verre en s'assurant de bien passer à l'intérieur comme à l'extérieur. Presser le bord du verre dans le mélange de sucre et de zestes pour le givrer.

Dans un pichet, combiner le Prosecco, l'Amaretto, le jus de citron et le sirop refroidi. Verser sur de la glace dans les verres givrés.

Garnir chaque verre avec 1 tranche de citron et de lime.

Soupes,
paninis et casse-croûte

SOUPE CONSISTANTE AUX TOMATES AVEC CITRON ET ROMARIN
SOUPE À L'AIL ET AUX HARICOTS BLANCS DE TOSCANE
RAGOÛT DE CALMAR ÉPICÉ AVEC RÔTIES À L'AIL
MINESTRONE AU POISSON, SAUCE AUX FINES HERBES
SOUPE PROSCIUTTO ET MELON
SANDWICH AU POULET ET AU CARI AVEC RADICCHIO ET PANCETTA
FOCACCIA AU HOMARD
PANINI AU FROMAGE TALEGGIO ET AUX POIRES
CROISSANT PANINI
PANINI AU CHOCOLAT AVEC BRIE
PANINI AU THON ET AUX ARTICHAUTS AVEC TARTINADE DE POIS CHICHES
FRITTATA DE POULET ET D'ORZO
FRITTATA DE PROSCIUTTO ET DE LINGUINES
CAFÉ AMÉRICAIN ÉPICÉ AVEC CRÈME FOUETTÉE À LA CANNELLE
CAFÉ AU LAIT GLACÉ
BOISSON FRAPPÉE À L'AMARETTO ET AUX FRAMBOISES

SOUPES,
PANINIS ET CASSE-CROÛTE

N'importe quel aliment peut être servi en casse-croûte, vraiment. C'est quelque chose que j'ai appris en grandissant lorsque ma mère nous faisait des frittatas et des paninis, que nous, ma sœur, mes frères et moi, mangions durant la journée, et spécialement au retour de l'école. Ces recettes peuvent également être servies lorsque vous n'avez pas vraiment le temps de cuisiner ou que vous ne voulez pas manger un repas lourd. En ces moments-là, une soupe consistante et un délicieux panini peuvent suffire pour le déjeuner ou le dîner, et même pour un petit déjeuner. J'ai un désir constant pour mon panini avec chocolat et brie, une gâterie que je fais lorsque des amis s'annoncent, mais que je sers aussi occasionnellement comme hors-d'œuvre (coupé en 4), et même comme dessert. La Soupe consistante aux tomates avec citron et romarin est un autre plat que je peux manger à toute heure du jour, entre les repas, ou comme plat de résistance. Et comme remontant, il n'y a rien de mieux qu'un Café américain épicé avec de la crème fouettée à la cannelle.

Soupe consistante aux tomates avec citron et romarin

Dans mon livre *À l'italienne tous les jours*, j'ai présenté cette soupe comme casse-croûte d'après-ski. Elle est très consistante, et les haricots lui donnent une belle texture, sans qu'elle soit trop épaisse. La crème fouettée est une belle garniture et devient plus parfumée à mesure qu'elle fond dans la soupe.

6 à 8 portions

- 30 ml (2 c. à soupe) de beurre non salé
- 1 oignon pelé et haché
- 2 carottes pelées et hachées (environ 250 ml [1 tasse])
- 2 gousses d'ail, hachées
- 1 boîte de cannellinis (blancs) de 420 ml (15 oz), rincés et égouttés
- 1 conserve de 875 ml (28 oz) de tomates broyées
- 750 ml (3 tasses) de bouillon de poulet
- 1 feuille de laurier
- 10 ml (2 c. à thé) de romarin frais, émincé
- 2,5 ml (½ c. à thé) de flocons de piment rouge
- 3,5 ml (¾ c. à thé) de sel
- 2,5 ml (½ c. à thé) de poivre noir fraîchement moulu
- 165 ml (⅔ tasse) de crème riche en matière grasse
- Zeste de 1 citron

Dans une grande casserole, faire fondre le beurre à feu moyen-vif. Ajouter l'oignon, les carottes et l'ail, et faire cuire les légumes jusqu'à ce qu'ils soient tendres, environ 4 minutes. Ajouter les haricots, les tomates, le bouillon, la feuille de laurier, 5 ml (1 c. à thé) du romarin et les flocons de piment rouge. Porter à ébullition à feu vif, puis réduire la chaleur à feu doux, et laisser mijoter, avec le couvercle, pendant 30 minutes.

Réduire en purée en plusieurs lots à l'aide d'un mélangeur, en prenant soin d'enlever la feuille de laurier. Retourner dans la casserole et garder au chaud, à feu doux. Assaisonner avec le sel et le poivre.

Dans un bol moyen, fouetter la crème jusqu'à ce qu'elle forme des pics mous. Ajouter le zeste de citron et les 5 ml (1 c. à thé) restants du romarin. Pour servir, verser la soupe dans les bols en y ajoutant une cuillérée de crème fouettée au citron et au romarin. Servir immédiatement.

Soupe à l'ail et aux haricots blancs de Toscane

J'aime la polyvalence des cannellinis. J'en ai fait des purées pour des trempettes et je les ai utilisés pour épaissir des soupes. Je les ajoute également aux salades et aux plats de pâtes. Cette fois-ci par contre, les cannellinis sont en vedette, offrant une texture crémeuse au beurre qui servira de base à la soupe et qui absorbera parfaitement la saveur des herbes.

4 à 6 portions

- 30 ml (2 c. à soupe) de beurre non salé
- 15 ml (1 c. à soupe) d'huile d'olive
- 2 échalotes françaises, hachées
- 2 feuilles de sauge, les tiges enlevées
- 2 conserves de 420 ml (15 oz) de cannellinis, rincés et égouttés
- 4 gousses d'ail, pelées et coupées en 2
- 1 l (4 tasses) de bouillon de poulet à faible teneur en sodium
- 125 ml (½ tasse) de crème riche en matière grasse
- 2,5 ml (½ c. à thé) de sel
- 2,5 ml (½ c. à thé) de poivre noir fraîchement moulu
- 6 tranches de pain ciabatta
- Huile d'olive extra vierge, pour garnir

Placer une casserole moyenne à fond épais sur un feu moyen. Ajouter le beurre, l'huile d'olive et les échalotes. Cuire en brassant occasionnellement, jusqu'à ce que les échalotes soient tendres, environ 3 minutes. Ajouter les feuilles de sauge, les cannellinis et l'ail, et remuer pour mélanger. Ajouter le bouillon de poulet. Porter à ébullition et laisser mijoter jusqu'à ce que l'ail soit tendre, environ 15 minutes. Verser la moitié de la soupe dans un grand bol. À l'aide d'une louche, transférer le tiers de la soupe du grand bol dans un mélangeur ou un robot culinaire, et réduire en purée, jusqu'à ce que le tout soit lisse (bien tenir le couvercle du mélangeur, car les liquides chauds augmentent de volume lorsqu'ils sont mélangés). Remettre dans la casserole, et répéter 2 fois l'opération avec les 2 tiers restants de la soupe contenue dans le grand bol. Lorsque toute la soupe en purée est dans la casserole, y ajouter la crème, le sel et le poivre tout en brassant. Couvrir et garder chaud sur un feu très doux.

Placer une poêle à rainures sur un feu moyen-vif. Verser l'huile d'olive en filet sur les tranches de pain. Griller le pain jusqu'à ce qu'il soit chaud et que la poêle laisse des marques dorées sur le pain, environ 3 minutes de chaque côté. Servir la soupe dans des bols avec le pain grillé en accompagnement.

Ragoût de calmar épicé avec rôties à l'ail

Si vous aimez les calmars frits, vous aimerez cette nouvelle façon de les servir. Cette soupe est plus épaisse qu'un *cioppino*, mais moins qu'une chaudrée. Elle est légère et délicieuse. Mon mari, Todd, adore cette soupe parce qu'elle est épicée et que les calmars lui donnent l'impression de manger de la viande. N'ajoutez les calmars qu'à la toute fin, juste au moment de servir, sinon ils deviendront caoutchouteux.

4 à 6 portions

Ragoût de calmars

- 45 ml (3 c. à soupe) d'huile d'olive
- 4 gousses d'ail, pelées et coupées en 2
- 500 ml (2 tasses) de vin blanc sec
- 2 conserves de 420 ml (15 oz) de sauce aux tomates
- 10 ml (2 c. à thé) de feuilles de thym frais, hachées
- 10 ml (2 c. à thé) de flocons de piment rouge
- 5 ml (1 c. à thé) de sel
- 5 ml (1 c. à thé) de poivre noir fraîchement moulu
- 900 g (2 lb) de calmars, le corps finement tranché, mais les tentacules entiers

Rôties à l'ail

- 4 à 6 tranches de pain italien rustique
- Huile d'olive, pour garnir
- 2 à 3 gousses d'ail pelées

Préchauffer le four à 180 °C (350 °F).

Dans une casserole moyenne, faire chauffer l'huile d'olive à feu doux. Ajouter l'ail et cuire en brassant souvent, jusqu'à ce qu'il commence à dégager son arôme, environ 2 minutes. Augmenter la chaleur à feu moyen. Ajouter le vin blanc lentement, et cuire pendant 1 minute, puis ajouter la sauce aux tomates, le thym, les flocons de piment rouge, le sel et le poivre. Porter à ébullition, et laisser mijoter pendant 8 minutes. Ajouter les calmars et continuer la cuisson jusqu'à ébullition, et jusqu'à ce que les calmars soient opaques, environ 2 minutes de plus.

Pendant que le ragoût mijote, verser l'huile d'olive en filet sur les tranches de pain. Faire griller le pain jusqu'à ce qu'il soit croustillant et doré, de 8 à 10 minutes. Retirer du four et frotter les tranches avec les gousses d'ail. Servir immédiatement avec le ragoût de calmar.

Minestrone au poisson, sauce aux fines herbes

À Venise, vous trouverez cette soupe dans presque tous les restaurants, et chaque version est un peu différente. J'utilise deux sortes de haricots, parce que chacun apporte une texture différente : les cannellinis sont crémeux alors que les pois chiches sont un peu plus fermes. La sauce aux fines herbes avive et rafraîchit les saveurs qui ont mijoté longtemps.

Vous pouvez remplacer le vivaneau par n'importe quel poisson blanc doux, mais gardez les filets entiers durant la cuisson. Si je paie cher pour un beau filet de poisson, j'aime bien que mes invités le voient en entier, pas seulement en petits flocons dans la soupe.

4 à 6 portions

- 30 ml (2 c. à soupe) d'huile d'olive
- 2 poireaux (la partie blanche seulement), finement tranchés, environ 250 ml (1 tasse)
- 2 carottes, pelées et finement tranchées, environ 250 ml (1 tasse)
- 2 courgettes, parées et finement tranchées, environ 500 ml (2 tasses)
- 250 ml (1 tasse) de haricots verts, coupés en morceaux de la grosseur d'une bouchée
- 250 ml (1 tasse) de pois chiches en conserve, rincés et égouttés
- 250 ml (1 tasse) de cannellinis en conserve, rincés et égouttés
- 1,5 l (6 tasses) de bouillon de poulet à faible teneur en sodium
- 4 à 6 filets de vivaneau, de 175 g (6 oz) chacun
- 5 ml (1 c. à thé) de sel
- 2,5 ml (½ c. à thé) de poivre noir fraîchement moulu

Sauce aux fines herbes

- 500 ml (2 tasses) de feuilles de persil plat frais
- 60 ml (¼ tasse) de feuilles d'origan frais
- 1 gousse d'ail
- 15 ml (1 c. à soupe) de vinaigre de vin rouge
- 125 ml (½ tasse) d'huile d'olive extra vierge
- 2,5 ml (½ c. à thé) de sel
- 1,25 ml (¼ c. à thé) de poivre noir fraîchement moulu

Pour la minestrone au poisson : Faire chauffer l'huile d'olive dans une grande casserole à feu moyen-doux. Ajouter les poireaux, les carottes, les courgettes et les haricots verts. Remuer pour mélanger, et cuire jusqu'à ce que les légumes soient tendres, environ 10 minutes. Ajouter les pois chiches, les cannellinis et le bouillon de poulet. Porter à ébullition jusqu'à ce que les légumineuses soient chaudes, environ 5 minutes. Assaisonner les filets de poisson avec le sel et le poivre, et les ajouter à la soupe bouillante. Laisser mijoter jusqu'à ce que le poisson soit cuit, environ 7 minutes, selon l'épaisseur du poisson. Assaisonner la soupe avec du sel et du poivre.

Pour la sauce aux fines herbes : Pendant que le poisson cuit, combiner le persil, l'origan, l'ail et le vinaigre de vin rouge dans un robot culinaire. Réduire les fines herbes à l'état quasi pâteux. Ajouter l'huile d'olive en un filet continu pendant que le robot fonctionne. Ajouter le sel et le poivre.

Pour servir, verser la soupe dans les bols et garnir avec une cuillérée de sauce aux fines herbes. Servir immédiatement.

Soupe prosciutto et melon

Après la tomate, le basilic et la mozzarella, le prosciutto et le melon sont probablement la combinaison de saveurs italiennes la plus classique de tous les temps. Cette recette donne un regain d'énergie lorsqu'elle est servie comme une savoureuse soupe froide. L'acidité de la tomate atténue la douceur naturelle du melon, et le sel du prosciutto produit un effet enchanteur. Si vous ne pouvez pas trouver les tomates en conserve San Marzano, qui sont un peu plus sucrées que les tomates italiennes en conserve, optez pour des tomates organiques Muir Glen.

4 portions

10 tranches de prosciutto
1,25 l (5 tasses) de cantaloup, coupé en morceaux
1 conserve de 400 ml (14 oz) de tomates San Marzano, avec le jus
2,5 ml (½ c. à thé) de sel
1,25 ml (¼ c. à thé) de poivre noir fraîchement moulu
6 feuilles de basilic frais, hachées très finement

Préchauffer le four à 180 °C (350 °F).

Placer les tranches de prosciutto sur une plaque à pâtisserie tapissée de papier d'aluminium, et les cuire jusqu'à ce qu'elles soient fermes et dorées sur les bords, et presque croustillantes, environ 18 minutes. Laisser refroidir pendant la préparation de la soupe.

Mettre la moitié du melon et des tomates dans le mélangeur. Donner quelques impulsions pour obtenir une purée. Transférer dans un grand bol, et réduire le reste du melon et des tomates en purée. Combiner le tout, et assaisonner avec le sel et le poivre.

Verser la soupe dans des bols. Émietter le prosciutto refroidi dans chaque bol. Saupoudrer de basilic, et servir.

Sandwich au poulet et au cari avec radicchio et pancetta

La poudre de cari n'est pas un ingrédient traditionnel de la cuisine italienne, mais au fil des temps, il y est entré tout simplement à cause de l'emplacement géographique de l'Italie et de l'influence de ses voisins. J'aime la saveur de la combinaison des épices qui forment la poudre de cari, qui se marie bien avec la mayonnaise et le poulet. Le radicchio ajoute un goût amer, alors que la pancetta lui donne une texture croustillante.

4 portions

- 225 g (8 oz) de pancetta finement tranchée, environ 8 tranches
- 125 ml (½ tasse) plus 30 ml (2 c. à soupe) de mayonnaise
- 15 ml (1 c. à soupe) de poudre de cari
- 15 ml (1 c. à soupe) de jus de lime fraîchement pressée
- 10 ml (2 c. à thé) de miel
- 7,5 ml (1½ c. à thé) de gingembre frais, pelé et émincé
- 875 ml à 1 l (3½ à 4 tasses) de poulet rôti coupé en dés (d'un poulet rôti de 900 g [2 lb] acheté à l'épicerie)
- 375 ml (1½ tasse) de radicchio haché
- 4 petits pains ciabatta

Dans une grande poêle à feu vif, faire frire les tranches de pancetta jusqu'à ce qu'elles soient croustillantes. Les laisser égoutter sur un essuie-tout, et réserver.

Dans un grand bol, combiner la mayonnaise, la poudre de cari, le jus de lime, le miel et le gingembre. Remuer pour mélanger. Ajouter le poulet et le radicchio, et mélanger pour enrober avec la sauce.

Couper les pains ciabatta en deux. À l'aide d'une cuillère, verser le mélange de poulet sur la moitié inférieure du pain. Garnir avec les morceaux de pancetta croustillante et recouvrir de la partie supérieure du pain ciabatta.

Sandwich au poulet et au cari avec radicchio et pancetta

La poudre de cari n'est pas un ingrédient traditionnel de la cuisine italienne, mais au fil des temps, il y est entré tout simplement à cause de l'emplacement géographique de l'Italie et de l'influence de ses voisins. J'aime la saveur de la combinaison des épices qui forment la poudre de cari, qui se marie bien avec la mayonnaise et le poulet. Le radicchio ajoute un goût amer, alors que la pancetta lui donne une texture croustillante.

4 portions

- 225 g (8 oz) de pancetta finement tranchée, environ 8 tranches
- 125 ml (½ tasse) plus 30 ml (2 c. à soupe) de mayonnaise
- 15 ml (1 c. à soupe) de poudre de cari
- 15 ml (1 c. à soupe) de jus de lime fraîchement pressée
- 10 ml (2 c. à thé) de miel
- 7,5 ml (1½ c. à thé) de gingembre frais, pelé et émincé
- 875 ml à 1 l (3½ à 4 tasses) de poulet rôti coupé en dés (d'un poulet rôti de 900 g [2 lb] acheté à l'épicerie)
- 375 ml (1½ tasse) de radicchio haché
- 4 petits pains ciabatta

Dans une grande poêle à feu vif, faire frire les tranches de pancetta jusqu'à ce qu'elles soient croustillantes. Les laisser égoutter sur un essuie-tout, et réserver.

Dans un grand bol, combiner la mayonnaise, la poudre de cari, le jus de lime, le miel et le gingembre. Remuer pour mélanger. Ajouter le poulet et le radicchio, et mélanger pour enrober avec la sauce.

Couper les pains ciabatta en deux. À l'aide d'une cuillère, verser le mélange de poulet sur la moitié inférieure du pain. Garnir avec les morceaux de pancetta croustillante et recouvrir de la partie supérieure du pain ciabatta.

Focaccia au homard

Les puristes s'offenseront probablement du fait que je fais des focaccias au homard, mais je pense que la texture légère et sucrée du fromage mascarpone améliore la saveur du homard bien plus que la mayonnaise. La question ne se pose pas, c'est un plat divin ; profitez-en comme un plaisir occasionnel — mais extrêmement délicieux.

4 portions

125 ml (½ tasse) de fromage mascarpone à la température ambiante
60 ml (¼ tasse) d'huile d'olive extra vierge
30 ml (2 c. à soupe) d'estragon frais
30 ml (2 c. à soupe) de ciboulette fraîche, hachée grossièrement
Zeste de 1 citron
5 ml (1 c. à thé) de jus de citron frais
1 gousse d'ail émincée
Sel et poivre noir fraîchement moulu
225 g (½ lb) de chair de homard cuite (ou des crevettes cuites et coupées en dés)
4 pains focaccia (10 à 12,5 cm [4 à 5 po])

Dans un bol moyen, mélanger le mascarpone et l'huile d'olive jusqu'à ce que la texture soit lisse. Ajouter l'estragon, la ciboulette, le zeste et le jus de citron, l'ail, le sel et le poivre.

Couper la chair de homard en beaux gros morceaux ; si vous utilisez des crevettes, les décortiquer et les couper en morceaux de 2,5 cm (1 po).

Ajouter le homard à la sauce aux fines herbes, et mélanger pour enrober. Partager le mélange sur les 4 focaccias, et servir immédiatement.

Panini au fromage taleggio et aux poires

Utilisez des poires sucrées et mûres (mais pas trop), comme des Bosc ou des Anjou ; si elles ne sont pas assez mûres, la saveur ne se mélangera pas au fromage. Le taleggio est un fromage italien doux et crémeux ; si vous ne le trouvez pas, le brie est un substitut parfait.

4 portions

- 450 g (1 lb) de pain ciabatta (ou 8 tranches de pain de campagne)
- 60 ml (¼ tasse) d'huile d'olive
- 225 g (8 oz) de fromage taleggio tranché
- 2 grosses poires mûres (ou pommes), étrognées et coupées en morceaux de 0,5 cm (¼ po)
- 30 ml (2 c. à soupe) de miel
- 1 pincée de sel
- 1 pincée de poivre noir fraîchement moulu
- 75 ml (3 oz) de roquette ou d'épinards

Note : Si vous n'avez pas de presse-panini, utiliser une poêle à rainures. Préchauffer la poêle, mettre le sandwich et y placer un poids (une brique enveloppée d'aluminium ou une petite poêle contenant quelques boîtes de conserve). Tourner à la mi-cuisson.

Préchauffer le presse-panini (voir Note). Couper le ciabatta en quatre parties égales en coupant ensuite horizontalement les 4 morceaux pour en faire 4 sandwichs. Badigeonner le pain de chaque côté avec l'huile d'olive, et placer les moitiés inférieures du pain dans le presse-panini, une à côté de l'autre. Fermer le presse-panini et chauffer jusqu'à ce que le pain soit doré, environ de 3 à 4 minutes. Répéter avec les dessus.

Pendant que les moitiés supérieures cuisent, commencer à faire les sandwichs. Partager le fromage sur les pains chauds. Couvrir le fromage avec des tranches de fruits. Arroser les fruits avec le miel, et saupoudrer de sel et de poivre. Recouvrir avec une poignée de roquette. Placer les dessus chauds sur la roquette, et remettre dans le presse-panini de 2 à 3 minutes afin que le fromage fonde. Couper les sandwichs en deux, et servir immédiatement.

Croissant panini

Un sandwich consistant tout en étant sophistiqué, qui contient assez de viande pour satisfaire les gros appétits. N'utilisez pas de croissants rassis ou des restes de croissants ; vous voulez que le beurre fonde et rende la pâte croustillante, la rendant plus feuilletée et totalement délicieuse.

4 portions

- 4 croissants
- 115 g (4 oz) de fromage gouda fumé, râpé, environ 330 ml (1⅓ tasse)
- 120 ml (8 c. à soupe) de fromage parmesan fraîchement râpé
- 115 g (4 oz) de salami de Gênes (environ 24 tranches)
- 160 ml (5 oz) de roquette

Faire chauffer le presse-panini. Couper un croissant en 2 horizontalement, et placer les deux parties sur une surface de travail, le côté coupé vers le haut. Partager 80 ml (⅓ tasse) du fromage gouda fumé sur chaque moitié de croissant ; saupoudrer ensuite chaque moitié avec 5 ml (1 c. à thé) de parmesan. Recouvrir chaque moitié de 3 tranches de salami de Gênes (environ 30 g [1 oz] de salami par sandwich au total). Recouvrir une moitié de sandwich avec une poignée de roquette. Fermer le sandwich et répéter pour faire 3 sandwiches additionnels. Faire griller le panini jusqu'à ce que le fromage fonde, de 3 à 4 minutes.

Couper chaque sandwich en 3 parties. Placer le reste de la roquette sur une assiette de service. Mettre les morceaux de sandwich chauds sur la roquette. Servir chaud.

Panini au chocolat avec brie

Je pourrais manger ce sandwich tous les jours jusqu'à la fin de mes jours sans jamais m'en lasser. La chaleur du presse-panini fait fondre le chocolat et le brie ensemble, et la substance collante sucrée-salée qui en résulte est l'idée que je me fais du paradis. Je les prépare quelques fois pour les soirées cocktail ; je les coupe en 4 petits carrés, et c'est toujours un bon sujet de conversation.

6 portions

12 tranches de pain au levain
80 ml (⅓ tasse) d'huile d'olive extra vierge
375 ml (12 oz) de brie finement tranché
1 sac de 375 ml (12 oz) de pépites de chocolat mi-sucré
80 ml (⅓ tasse) de feuilles de basilic frais, haché finement

Préchauffer le presse-panini.

Badigeonner chaque côté du pain avec de l'huile d'olive. Placer dans le presse-panini, fermer, et faire griller le pain jusqu'à ce qu'il soit doré. Enlever du presse-panini et placer 2 tranches de fromage sur chaque tranche de pain, recouvrir avec 80 ml (⅓ tasse) de pépites de chocolat, et saupoudrer de basilic. Recouvrir avec l'autre tranche de pain. Continuer avec les autres sandwichs. Mettre les sandwichs dans le presse-panini jusqu'à ce que le chocolat commence à fondre, encore 2 minutes environ.

Couper les sandwichs en rectangles de 5 cm (2 po) ou en petits triangles, et mettre sur une assiette de service.

Panini au thon et aux artichauts avec tartinade de pois chiches

En Italie, le terme panini fait référence à toutes les sortes de sandwich, qu'il soit chaud ou froid, pressé ou non. Ici, ce qui le différencie du sandwich au thon que l'on connaît, c'est la tartinade de pois chiches ; ça lui confère un goût de terre crémeux qui est mille fois meilleur que toutes les sauces à la mayonnaise, et qui humecte le thon.

8 portions

Tartinade de pois chiches
- 425 g (15 ½ oz) de pois chiches en conserve, rincés et égouttés
- 2 gousses d'ail
- 60 ml (¼ tasse) de feuilles de menthe fraîche
- 10 ml (2 c. à thé) de zeste de citron râpé
- 45 ml (3 c. à soupe) de jus de citron fraîchement pressé
- 45 ml (3 c. à soupe) d'huile d'olive extra vierge
- 1,25 ml (¼ c. à thé) de sel
- 1,25 ml (¼ c. à thé) de poivre noir fraîchement moulu

Panini
- 250 ml (1 tasse) d'olives noires dénoyautées, hachées finement
- 165 ml (⅔ tasse) d'huile d'olive extra vierge
- 2,5 ml (½ c. à thé) de sel
- 2,5 ml (½ c. à thé) de poivre noir fraîchement moulu
- 160 ml (5½ oz) de thon italien en conserve dans l'huile d'olive, égoutté
- 1 conserve de 390 ml (13¾ oz) de cœurs d'artichauts, coupés en quartiers et égouttés
- 8 mini baguettes, coupées en 2 dans le sens de la longueur
- 500 ml (2 tasses) de roquette

Pour la tartinade de pois chiches, combiner tous les ingrédients dans un robot culinaire. Mélanger jusqu'à ce que le tout soit lisse. Mettre dans un petit bol, et réserver.

Pour faire le panini, combiner les olives noires, l'huile d'olive, le sel, le poivre, le thon et les artichauts dans un bol, et remuer délicatement pour mélanger.

Déposer les baguettes déjà tranchées. Tartiner les deux moitiés des baguettes avec le mélange de pois chiches. À l'aide d'une cuillère, déposer le mélange de thon sur les moitiés de dessous et y ajouter la roquette. Recouvrir de la seconde moitié des baguettes. Si désiré, envelopper la moitié du sandwich avec une feuille de papier parchemin pour qu'il soit plus facile à manger.

Frittata de poulet et d'orzo

Dans cette frittata, les pâtes jouent un rôle de soutien au lieu d'un rôle principal ; elles donnent un peu de corps aux œufs. Servie avec une salade en accompagnement, elle donne un déjeuner agréable et satisfaisant.

4 à 6 portions

190 ml (¾ tasse) d'orzo
6 œufs
80 ml (⅓ tasse) de fromage ricotta au lait entier
60 ml (¼ tasse) de crème fraîche
2 poitrines de poulet cuites et coupées en dés (environ 500 ml [2 tasses])
4 oignons verts hachés
60 ml (¼ tasse) de feuilles de persil plat frais, hachées
80 ml (⅓ tasse) de poivrons rouges rôtis et coupés en dés
5 ml (1 c. à thé) de sel
1,25 ml (¼ c. à thé) de poivre noir fraîchement moulu

Préchauffer le four à 190 °C (375 °F). Vaporiser une casserole de 1,5 l (6 tasses) allant au four avec un enduit antiadhésif.

Porter à ébullition une petite casserole d'eau salée à feu vif. Ajouter l'orzo, et le faire cuire jusqu'à ce qu'il soit tendre, mais encore un peu ferme sous la dent ; brasser de temps à autre, de 8 à 10 minutes. Égoutter les pâtes.

Dans un grand bol, combiner les œufs, la ricotta et la crème fraîche, et brasser jusqu'à ce que les œufs soient battus et que les ingrédients soient bien mélangés. Ajouter l'orzo cuit, le poulet, les oignons verts, le persil, les poivrons rouges, le sel et le poivre. Bien mélanger.

Verser le mélange dans la casserole allant au four, et faire cuire pendant 25 minutes. Allumer le gril du four. Faire griller pendant environ 5 minutes, jusqu'à ce que le dessus soit doré. Enlever du four et laisser reposer pendant 5 minutes avant de servir. La frittata s'affaissera un peu en refroidissant.

Frittata de prosciutto et de linguines

Voici une bonne façon d'utiliser les restes de pâtes. Lorsque j'étais jeune, ma mère utilisait tous les restes de pâtes — sauce rouge, sauce blanche, etc. — dans son mélange de frittata pour nous préparer une collation rapide. Généralement, elle faisait une grande frittata, mais j'aime mieux faire des portions individuelles ; de cette façon, vous pouvez les conserver au réfrigérateur et en prendre une au besoin lorsque vous voulez prendre un en-cas nutritif vite fait. Vous pouvez la manger chaude ou froide.

6 portions

225 g (½ lb) de linguines
7 gros œufs
125 ml (½ tasse) de lait
60 ml (¼ tasse) de crème riche en matière grasse
125 ml (½ tasse) de fromage mascarpone
175 g (6 oz) de prosciutto coupé en dés
140 g (5 oz) de fromage mozzarella fumée, coupée en dés (250 ml [1 tasse] de dés)
125 ml (½ tasse) de fromage asiago fraîchement râpé
60 ml (¼ tasse) de persil plat frais, finement haché
2 gousses d'ail émincées
5 ml (1 c. à thé) de sel
3,5 ml (¾ c. à thé) de poivre noir fraîchement moulu
0,5 ml (⅛ c. à thé) de muscade fraîchement râpée

Faire bouillir de l'eau salée dans une grande casserole à feu vif. Ajouter les pâtes, et cuire jusqu'à ce qu'elles soient tendres, mais encore un peu fermes sous la dent ; brasser de temps à autre, de 8 à 10 minutes. Égoutter les pâtes dans une passoire. Les laisser dans la passoire et, à l'aide de ciseaux de cuisine, les couper en petits morceaux. Il devrait y en avoir environ 750 ml (3 tasses).

Préchauffer le four à 190 °C (375 °F). Graisser un moule de 12 muffins.

Dans un mélangeur, combiner les œufs, le lait, la crème et le mascarpone. Bien mélanger. Verser le mélange dans un grand bol et y ajouter les pâtes coupées, le prosciutto, la mozzarella, l'asiago, le persil, l'ail, le sel, le poivre et la muscade. Bien mélanger.

Remplir chaque moule à muffins avec 80 ml (⅓ tasse) du mélange ; les pâtes et le liquide devraient presque remplir le moule. Cuire jusqu'à ce qu'ils soient fermes et bien cuits, de 30 à 35 minutes. Laisser refroidir la frittata 3 minutes avant de la démouler. Les déposer sur une assiette de service ou en placer 2 dans des assiettes individuelles, et servir.

Café américain épicé avec crème fouettée à la cannelle

Lorsque la température est particulièrement froide, il n'y a que la promesse d'une tasse de ce café chaud épicé qui peut me décider à skier toute la journée. Heureusement, ce café nous attire autant lors d'une journée pluvieuse.

4 portions

250 ml (1 tasse) de sucre granulé
1,25 ml (¼ c. à thé) de piment de la Jamaïque moulu
1,25 ml (¼ c. à thé) de cannelle moulue, plus pour saupoudrer
1,25 ml (¼ c. à thé) de gingembre moulu
250 ml (1 tasse) d'eau bouillante
250 ml (1 tasse) d'expresso infusé
250 ml (1 tasse) de crème riche en matière grasse
30 ml (2 c. à soupe) de sucre glace

Dans une petite casserole, combiner le sucre granulé avec 125 ml (½ tasse) d'eau. Porter à ébullition à feu moyen, puis réduire la chaleur à feu doux. Ajouter le piment de la Jamaïque, la cannelle et le gingembre, et laisser mijoter pendant 5 minutes, ou jusqu'à ce que le sucre soit dissous. Retirer du feu, et réserver.

Verser l'eau bouillante sur l'expresso dans un pichet résistant à la chaleur ou dans une tasse à mesurer, puis partager dans des tasses de 185 à 225 ml (6 à 8 oz). Ajouter dans chaque tasse 30 ml (2 c. à soupe) de sirop épicé, et remuer pour mélanger.

À l'aide d'un malaxeur électrique muni de fouets, battre la crème jusqu'à la formation de pics mous. Ajouter le sucre glace, et continuer à battre jusqu'à ce que les pics soient fermes. Garnir chaque tasse d'une cuillérée de crème fouettée, Saupoudrer de cannelle et servir.

Café au lait glacé

En été, c'est une bonne solution de remplacement au thé glacé. Je garde le sirop à la cannelle au réfrigérateur, et lorsque mes amies s'arrêtent en passant, nous avons quelque chose de frais et délicieux à savourer lentement dans le jardin sous le chaud soleil de la Californie.

4 portions

4 mesures de café expresso (environ 45 ml [1½ oz] chacune)
60 ml (¼ tasse) de Sirop simple à la cannelle (la recette suit)
330 ml (1⅓ tasse) de lait entier
Glace concassée

Combiner l'expresso, le sirop à la cannelle et le lait dans un petit pichet. Verser le mélange de café au lait sur la glace, et servir immédiatement.

Sirop simple à la cannelle

Donne 1 tasse

250 ml (1 tasse) de sucre
125 ml (½ tasse) d'eau
4 bâtons de cannelle

Dans une casserole, combiner le sucre, l'eau et les bâtons de cannelle. Porter à ébullition à feu moyen, puis réduire la chaleur et laisser mijoter pendant 5 minutes, ou jusqu'à ce que le sucre soit dissous. Retirer du feu et laisser refroidir le sirop. Tout sirop refroidi non utilisé peut être gardé au réfrigérateur, dans un contenant hermétique, jusqu'à une semaine.

Boisson frappée à l'Amaretto et aux framboises

Aussi épaisse et crémeuse que le plus riche des laits fouettés, cette boisson peut avoir un second rôle, comme dessert. Servez des demi-portions dans des verres sur pied en garnissant de miettes de biscuit. Vous devez préparer cette recette en deux lots, sinon les ingrédients vont déborder de votre mélangeur.

4 portions

350 ml (12 oz) de framboises fraîches (ou 350 ml [12 oz] de framboises congelées, décongelées)
1 l (4 tasses) de gelato ou de crème glacée à la vanille, un peu ramolli
30 ml (2 c. à soupe) de liqueur d'amandes comme l'Amaretto di Sarono
10 ml (2 c. à thé) de zeste d'orange
Glace
4 biscuits amaretti, écrasés

Placer la moitié des framboises dans un mélangeur avec la moitié du gelato, 15 ml (1 c. à soupe) de liqueur d'amandes et 5 ml (1 c. à thé) de zeste d'orange. Actionner le mélangeur jusqu'à ce que le tout soit bien mélangé. Ajouter environ la moitié d'un plateau de glaçons, et actionner le mélangeur jusqu'à ce que le tout soit homogène.

Séparer la boisson dans 2 verres à gin, et recommencer le procédé avec l'autre moitié des ingrédients. Saupoudrer de biscuits écrasés, et mélanger un peu pour distribuer également. Servir avec une longue cuillère et des pailles.

Salades et légumes

SALADE DE CANTALOUP, D'OIGNON ROUGE ET DE NOIX DE GRENOBLE
SALADE ESTIVALE À LA ROMAINE
SALADE D'AUBERGINES GRILLÉES AU CHÈVRE
SALADE DE FENOUIL AVEC PROSCIUTTO ET PESTO AUX PISTACHES
CRUDI D'ASPERGES ET DE COURGETTES
SALADE DE FREGOLA AVEC CITRON FRAIS ET OIGNON ROUGE
SALADE DE FARRO À LA MÉDITERRANÉENNE
FARRO AVEC PESTO
CRÊPES DE POMMES DE TERRE AU PARMESAN
HARICOTS VERTS ET CHOU VERT FRISÉ ÉPICÉS AU PARMESAN
COURGETTES ET POMMES DE TERRE GRILLÉES AVEC CROÛTE AU PARMESAN
GRATIN D'ARTICHAUTS
ASPERGES, ARTICHAUTS ET CHAMPIGNONS SAUTÉS AVEC VINAIGRETTE À L'ESTRAGON
ARTICHAUTS AU FOUR AVEC GORGONZOLA ET FINES HERBES

SALADES
ET LÉGUMES

J'aime les salades et les légumes lorsqu'ils sont apprêtés comme il se doit ; ils peuvent devenir un repas complet et satisfaisant. J'ai grandi en mangeant beaucoup de salades, mais pas nécessairement un grand bol de laitue. En Italie, une salade peut contenir tellement de choses différentes, et j'ai toujours gardé cette philosophie. Pour moi, une bonne salade comprend des ingrédients saisonniers frais et pleins de couleurs, un peu de croustillant, et une vinaigrette relevée pour rehausser la saveur. Les Siciliens sont reconnus pour combiner des fruits locaux et des noix dans leurs salades, et ma Salade de cantaloup, d'oignon rouge et de noix de Grenoble en est un bon exemple. À Rome, les salades sont plus substantielles, comme un antipasto, et la laitue est presque oubliée. Pour les personnes qui normalement n'aiment pas les légumes verts, je leur recommande mes Haricots verts et chou vert épicés au parmesan, car avec l'ajout du piment rouge et du parmesan, ils ne pourront résister et retomberont amoureux des légumes.

le cantaloup, rouge et de noix de Grenoble

...melon, la pastèque ainsi que d'autres fruits sucrés ...rouvent souvent dans les salades. La pastèque est le fruit le plus utilisé, mais on peut trouver du cantaloup toute l'année. C'est très frais et rafraîchissant, et parce que j'aime toujours avoir quelque chose de croquant dans mes salades, j'ai ajouté des noix de Grenoble rôties. Quelques fois, je mets aussi du fromage pecorino. Servez cette salade après le repas, pour se rafraîchir le palais avant le — ou au lieu du — dessert.

4 à 6 portions

Vinaigrette à l'orange
- 60 ml (¼ tasse) de jus d'orange frais
- 15 ml (1 c. à soupe) de jus de citron fraîchement pressé
- 22,5 ml (1½ c. à soupe) de vinaigre de framboise
- 45 ml (3 c. à soupe) d'huile d'olive extra vierge
- Sel et poivre noir fraîchement moulu

Salade
- 1,35 kg (3 lb) de cantaloup coupé en cubes de 2,5 cm (1 po)
- 1 petit oignon rouge finement tranché
- 450 ml (2 tasses) de roquette
- 250 ml (1 tasse) de noix de Grenoble hachées, rôties (voir Note, page 21)

Pour faire la vinaigrette, combiner le jus d'orange, le jus de citron et le vinaigre de framboise dans un petit bol. Ajouter l'huile d'olive lentement en un filet, en brassant constamment jusqu'à ce que le mélange soit lisse. Assaisonner au goût avec le sel et le poivre.

Pour faire la salade, combiner le cantaloup, l'oignon rouge, la roquette et 125 ml (½ tasse) de noix de Grenoble dans un grand bol à salade. Verser la vinaigrette sur la salade et bien remuer. Garnir avec le reste des noix de Grenoble.

Salade estivale à la romaine

Un compromis entre un antipasto et une salade, ce plat est typique de Rome, et ne contient pratiquement jamais de laitue. Ne vous laissez pas influencer par les anchois ; ils sont hachés finement et ajoutent beaucoup de saveur et un goût salin. Servez cette salade avec une assiette de viandes froides pour un pique-nique ou un déjeuner automnal.

4 portions

- 250 ml (1 tasse) de vinaigre balsamique
- 250 ml (1 tasse) d'olives noires et vertes, dénoyautées et coupées en 2
- 60 ml (¼ tasse) de feuilles de persil plat frais, hachées
- 3 filets d'anchois, égouttés et coupés finement
- 30 ml (2 c. à soupe) de câpres, rincées et égouttées
- 1 gousse d'ail, hachée finement
- 8 feuilles de basilic frais, haché
- 2,5 ml (½ c. à thé) de poivre noir fraîchement moulu
- 90 ml (6 c. à soupe) d'huile d'olive extra vierge
- 450 g (1 lb) de tomates mûries sur pied (environ 3 tomates)

Verser le vinaigre balsamique dans une petite poêle non réactive, et faire bouillir. Continuer la cuisson jusqu'à ce que le vinaigre devienne épais, sirupeux, et ait diminué à environ 60 ml (¼ tasse), environ 20 minutes. Réserver pour refroidir.

Combiner les olives, le persil, les anchois, les câpres, l'ail, le basilic, le poivre et l'huile d'olive dans un petit bol, et remuer pour mélanger.

Pour servir, utiliser un couteau dentelé pour couper les tomates en tranches de 0,5 cm (¼ po) d'épaisseur. Disposer les tomates sur une assiette de service en les faisant se chevaucher légèrement. À l'aide d'une cuillère, verser le mélange d'olives et de persil sur les tomates. Arroser la salade avec le sirop balsamique, et servir.

Salade d'aubergines grillées au chèvre

Je préfère utiliser les aubergines japonaises lorsque c'est possible, parce qu'elles sont moins amères et ne requièrent pas de saumurage comme les grosses aubergines. C'est une salade très consistante et de belle apparence, avec ses couches d'aubergines, de fromage et de noix.

4 à 6 portions

- 7 aubergines japonaises, les bouts enlevés, coupées en rondelles de 2,5 cm (1 po)
- 45 ml (3 c. à soupe) d'huile d'olive
- 125 ml (½ tasse) de pignons rôtis (voir page 185)
- 90 ml (3 oz) de fromage de chèvre émietté
- 80 ml (⅓ tasse) de basilic, haché finement
- 30 ml (2 c. à soupe) de feuilles de menthe fraîche, coupées
- 45 ml (3 c. à soupe) d'huile d'olive extra vierge
- 45 ml (3 c. à soupe) de vinaigre balsamique
- 2,5 ml (½ c. à thé) de sel casher
- 2,5 ml (½ c. à thé) de poivre noir fraîchement moulu

Placer une poêle à rainures sur un feu moyen-vif, ou préchauffer un barbecue au gaz ou au charbon de bois. Placer les tranches d'aubergines sur une plaque à pâtisserie ou dans un grand bol, et verser l'huile d'olive en filet ; remuer pour bien enrober d'huile. Faire griller les tranches d'aubergines jusqu'à ce qu'elles soient tendres et que l'on voie les marques du grill, de 3 à 4 minutes de chaque côté.

Placer les tranches d'aubergines une à côté de l'autre sur une assiette de service. Saupoudrer avec les pignons, le fromage de chèvre, le basilic et la menthe. Verser en filet l'huile d'olive extra vierge et le vinaigre balsamique, et saupoudrer de sel et de poivre.

Salade de fenouil avec prosciutto et pesto aux pistaches

Le fenouil est au mieux de l'automne au printemps, lorsqu'il est en saison, et il y a des milliers de façons différentes de profiter de sa saveur sucrée et croquante. Dans cette recette, on a tranché les bulbes crus, on les a assaisonnés de pesto aux pistaches et on leur a donné un goût salé avec le prosciutto. Ces saveurs se mélangent divinement bien.

4 à 6 portions

Pesto aux pistaches
- 450 ml (2 tasses) de persil plat frais (légèrement tassé)
- 190 ml (¾ tasse) de pistaches rôties (voir Note, page 21)
- 15 ml (1 c. à soupe) de feuilles de thym frais
- 3 gousses d'ail
- 190 ml (¾ tasse) d'huile d'olive extra vierge
- Sel, et poivre noir fraîchement moulu

Salade de fenouil
- 4 à 5 bulbes de fenouil (environ 1,6 kg [3½ lb])
- 115 g (4 oz) de prosciutto finement tranché

Pour le pesto aux pistaches : Combiner le persil, les pistaches, le thym et les gousses d'ail dans un robot culinaire, et mélanger jusqu'à ce que le tout soit haché finement. Alors que le robot fonctionne, verser graduellement l'huile d'olive, et continuer jusqu'à ce que le mélange soit homogène. Assaisonner le pesto au goût avec le sel et le poivre.

Pour la salade au fenouil : Couper les deux bouts du fenouil, puis jeter les tiges et les feuilles. Couper les bulbes en 2 en enlevant le cœur, puis les trancher finement en diagonale. Placer les tranches de fenouil dans un grand plat de service. Ajouter le pesto et mélanger pour bien enrober. Couper des morceaux de prosciutto de 2,5 cm (1 po) et les disperser sur le plat. Remuer délicatement pour mélanger.

Crudi d'asperges et de courgettes

On a du mal à croire qu'un plat de si belle apparence soit si facile à faire. Crudi veut dire « cru », et la fraîcheur des légumes crus est bienvenue pour accompagner les plats lourds de pâtes. Le secret de ce plat est de créer de longs et gracieux rubans de courgette crue ; ils devraient ressembler à des fettucines vert pâle.

4 à 6 portions

2 courgettes moyennes, parées
1 botte d'asperges, parées
60 ml (¼ tasse) d'huile d'olive extra vierge
30 ml (2 c. à soupe) de jus de citron fraîchement pressé
2,5 ml (½ c. à thé) de sel
1,25 ml (¼ c. à thé) de poivre noir fraîchement moulu
30 ml (1 oz) de fromage pecorino romano, en 1 morceau

À l'aide d'un économe, faire de longs rubans minces de courgette. Faire des tranches minces en diagonale avec les asperges. Disposer les légumes coupés dans un plat de service et remuer pour mélanger.

Dans un petit bol, combiner l'huile d'olive, le jus de citron, le sel et le poivre. Bien mélanger et verser sur les légumes. Remuer pour enrober. À l'aide d'un économe, faire des copeaux de fromage pecorino romano, et les déposer sur la salade ; servir immédiatement.

Salade de fregola
avec citron frais et oignon rouge

La fregola est une pâte de semoule rôtie très populaire en Sardaigne. Vous pouvez la remplacer par n'importe quelle petite pâte comme l'orzo, mais vous devriez faire l'effort de la chercher dans les épiceries spécialisées ; sa saveur de noix fait que cette salade de pâtes est réellement délicieuse et sort de l'ordinaire.

4 à 6 portions

Huile d'orange
- 125 ml (½ tasse) d'huile d'olive extra vierge
- Zeste de 1 orange

Salade
- 2 l (8 tasses) de bouillon de poulet à faible teneur en sodium
- 450 g (1 lb) de fregola (ou d'orzo)
- 1 orange
- 1 pamplemousse rose
- 1 petit oignon rouge, finement tranché
- 125 ml (½ tasse) de feuilles de menthe fraîche, hachées
- 60 ml (¼ tasse) de feuilles de basilic frais, hachées
- 7,5 ml (½ c. à soupe) de graines de fenouil, légèrement rôties
- 5 ml (1 c. à thé) de gros sel
- 2,5 ml (½ c. à thé) de poivre noir fraîchement moulu

Pour préparer l'huile d'orange, combiner l'huile d'olive et le zeste d'orange dans un petit bol, et réserver.

Pour préparer la salade, porter à ébullition le bouillon de poulet dans une grande casserole à feu vif. Ajouter les pâtes, et cuire pendant 10 à 12 minutes, jusqu'à ce qu'elles soient tendres mais fermes sous la dent, en brassant de temps à autre. Égoutter, et verser sur une grande plaque à pâtisserie. Les étendre en une seule couche et laisser refroidir pendant 10 minutes.

Pendant ce temps, à l'aide d'un petit couteau, enlever la pelure et la peau blanche de l'orange et du pamplemousse. Tenir le fruit au-dessus d'un grand bol, et couper entre les membranes pour dégager les segments des fruits et récupérer le jus. Ajouter l'oignon, la menthe, le basilic, les graines de fenouil, le sel, le poivre et les pâtes fregola refroidies.

Ajouter l'huile d'orange aux pâtes. Bien mélanger, et servir.

Salade de farro à la méditerranéenne

C'est un repas consistant dans un bol — comme un antipasto, avec l'ajout d'un grain à saveur de noix.

6 portions en plat d'accompagnement

- 300 g (10 oz) de farro, environ 375 ml (1½ tasse)
- 30 ml (2 c. à soupe) de sel casher
- 225 g (½ lb) de haricots verts, parés et coupés en tronçons de 2,5 à 5 cm (1 à 2 po), environ 500 ml (2 tasses)
- 125 ml (½ tasse) d'olives noires dénoyautées
- 1 poivron rouge moyen, étrogné, épépiné et coupé en fines lanières (environ 115 g [4 oz] ou 250 ml [1 tasse])
- 90 g (3 oz) de parmesan, émietté (environ 190 ml [¾ tasse])
- 60 ml (¼ tasse) de ciboulette fraîche, coupée
- 60 ml (¼ tasse) de vinaigre de xérès
- 60 ml (¼ tasse) d'huile d'olive extra vierge
- 15 ml (1 c. à soupe) de moutarde de Dijon
- 5 ml (1 c. à thé) de poivre noir fraîchement moulu

Dans une casserole moyenne, combiner 1 l (4 tasses) d'eau avec le farro. Porter à ébullition à feu vif, puis laisser mijoter à feu moyen-doux, jusqu'à ce que le farro soit presque tendre, environ 20 minutes. Ajouter 7,5 ml (1½ c. à thé) de sel, et laisser mijoter jusqu'à ce que le farro soit tendre, environ 10 autres minutes. Bien égoutter. Transférer dans un grand bol, et laisser refroidir.

Pendant ce temps, porter à ébullition de l'eau salée dans une casserole moyenne à feu vif. Ajouter les haricots verts, brasser et cuire pendant 2 minutes. Les égoutter et les transférer dans un bol d'eau glacée. Laisser refroidir pendant 2 minutes, et bien égoutter.

Une fois le farro refroidi, ajouter les haricots verts, les olives, les poivrons rouges, le parmesan et la ciboulette. Remuer pour mélanger.

Dans un petit bol, mélanger le vinaigre de xérès, l'huile d'olive, la moutarde, le poivre et les 2,5 ml (½ c. à thé) restants du sel. Remuer pour mélanger. Verser la vinaigrette au xérès sur la salade de farro. Remuer pour mélanger, et servir.

Farro avec pesto

C'est un aliment réconfortant qui est bon pour vous. Le farro, un grain qui existe depuis les temps immémoriaux, était utilisé pour la fabrication des céréales et des pâtes avant que le blé soit largement répandu. Il est semblable au couscous israélien dans sa texture ; si vous ne pouvez pas le trouver, utilisez n'importe quelle petite pâte, par exemple l'orzo. Ne hachez pas le pesto trop finement ; on devrait voir un peu des morceaux de fines herbes, ce qui permet de garder les saveurs plus distinctes.

6 à 8 portions

- 2 l (8 tasses) de bouillon de poulet à faible teneur en sodium
- 450 g (1 lb) de farro, environ 625 ml (2½ tasses)
- 500 ml (2 tasses) de feuilles de persil plat frais
- 60 ml (¼ tasse) de feuilles de basilic frais
- 30 ml (2 c. à soupe) de feuilles de thym frais
- 2 gousses d'ail
- 80 ml (⅓ tasse) d'huile d'olive extra vierge
- 15 ml (1 c. à soupe) de vinaigre de vin rouge
- 3,5 ml (¾ c. à thé) de sel
- 2,5 ml (½ c. à thé) de poivre noir fraîchement moulu
- 1 morceau de fromage pecorino romano, pour garnir

Dans une grande casserole à feu vif, porter le bouillon de poulet à ébullition. Ajouter le farro et brasser pour mélanger. Réduire la chaleur à feu doux, couvrir, et laisser mijoter jusqu'à ce que le farro soit tendre, environ 25 minutes. Égoutter, et réserver dans un grand bol.

Pendant ce temps, combiner dans le robot culinaire le persil, le basilic, le thym et l'ail. Donner quelques impulsions jusqu'à ce que les herbes soient grossièrement hachées. Ajouter l'huile d'olive, le vinaigre, le sel et le poivre. Donner encore quelques impulsions jusqu'à ce que le mélange de fines herbes ait une texture grossière.

Ajouter le farro chaud au pesto. Transférer dans un plat de service. À l'aide d'un économe, préparer 125 ml (½ tasse) de copeaux de fromage pecorino. Couvrir le farro avec les copeaux de fromage, et servir.

Crêpes de pommes de terre au parmesan

Quand j'étais chef particulier, la famille pour laquelle je travaillais me demandait souvent des galettes de pommes de terre ; bien que je n'en aie jamais fait, je suis tombée amoureuse de ces galettes. Quand j'ajoutais du parmesan et du basilic au mélange, elles étaient encore meilleures. Le parmesan fond en formant un lacis, comme un *frico*, rendant les crêpes plus croustillantes et délicieuses.

4 à 6 portions

- 30 ml (2 c. à soupe) d'huile d'olive, plus 15 à 30 ml (1 à 2 c. à soupe) pour la friture
- 1 oignon moyen, haché
- 1 gousse d'ail, émincée
- 5 ml (1 c. à thé) de sel
- 2,5 ml (½ c. à thé) de poivre noir fraîchement moulu
- 900 g (2 lb) de pommes de terre Yukon Gold, pelées
- 250 ml (1 tasse) de fromage parmesan fraîchement râpé
- 125 ml (½ tasse) de feuilles de basilic frais, hachées

Faire chauffer 30 ml (2 c. à soupe) d'huile d'olive à feu moyen-vif dans une grande poêle avec un revêtement antiadhésif. Ajouter l'oignon et cuire jusqu'à ce qu'il soit transparent, environ 4 minutes. Ajouter l'ail, et cuire jusqu'à ce qu'il soit tendre et qu'il dégage un arôme, environ 2 autres minutes. Assaisonner avec le sel et le poivre. Transférer le mélange dans un grand bol, et réserver.

Pendant ce temps, dans un robot culinaire, râper les pommes de terre en utilisant la lame à cet effet. Mettre les pommes de terre râpées dans un linge propre, faire un rouleau et presser, au-dessus de l'évier, pour en retirer le maximum d'eau. Ajouter les pommes de terre au bol contenant le mélange d'oignons, ainsi que le parmesan et le basilic. Remuer pour bien mélanger, et assaisonner de nouveau avec le sel et le poivre, au goût.

Réchauffer 15 ml (1 c. à soupe) du reste de l'huile d'olive dans la poêle déjà utilisée pour cuire les oignons. Lorsqu'elle est chaude, sans toutefois fumer, ajouter le mélange de pommes de terre. Utiliser une spatule pour presser le mélange afin qu'il soit uniforme. Réduire la chaleur à feu moyen, et cuire la crêpe jusqu'à ce que le dessous soit doré et que l'on puisse la bouger dans la poêle, de 12 à 15 minutes. Réduire la chaleur à feu doux si la crêpe dore trop rapidement à certains endroits. Glisser la crêpe dans une grande assiette, puis la couvrir avec une autre grande assiette, et renverser. Augmenter la chaleur à feu vif et ajouter un peu d'huile si nécessaire. Lorsque la poêle est chaude, y glisser à nouveau la crêpe, et cuire jusqu'à ce que le deuxième côté soit doré, de 12 à 15 minutes encore. Glisser la crêpe dans une assiette de service, couper en pointes, et servir.

Haricots verts
et chou vert frisé épicés au parmesan

J'ai toujours servi ce plat à l'Action de grâces, mais il est toujours bon par temps froid. Le chou vert frisé et les haricots verts donnent un aspect éclatant et un goût sans pareil alors que, par les temps froids, les légumes verts se font rares.

6 à 8 portions

45 ml (3 c. à soupe) d'huile d'olive
1 oignon moyen, tranché
110 g (¼ lb) de champignons café, parés et coupés en quartiers
675 g (1½ lb) de haricots verts, parés et coupés en tronçons de 2,5 cm (1po)
10 ml (2 c. à thé) de sel
2,5 ml (½ c. à thé) de poivre noir fraîchement moulu
60 ml (¼ tasse) de vin blanc sec
2,5 ml (½ c. à thé) de flocons de piment rouge
225 g (½ lb) de chou vert frisé, équeuté, rincé, et haché grossièrement
30 ml (2 c. à soupe) de jus de citron fraîchement pressé
45 ml (3 c. à soupe) de fromage parmesan fraîchement râpé

Faire chauffer l'huile d'olive à feu moyen-vif dans une grande poêle à fond épais. Ajouter l'oignon, et cuire tout en brassant, jusqu'à ce qu'il soit transparent, environ 4 minutes. Ajouter les champignons, les haricots verts, le sel et le poivre, et cuire pendant 2 minutes. Ajouter le vin, et continuer la cuisson jusqu'à ce que les haricots verts soient presque tendres, en brassant une ou deux fois, pendant environ 5 minutes. Ajouter les flocons de piment rouge et le chou, et continuer la cuisson jusqu'à ce que le chou soit affaissé, de 4 à 5 minutes. Ajouter le jus de citron et le fromage parmesan. Remuer pour enrober, et servir immédiatement.

Courgettes et pommes de terre grillées avec croûte au parmesan

Je sais que la courgette n'apparaît pas dans la liste des 10 légumes préférés de la plupart des gens, mais lorsque vous enrobez les morceaux de courgette d'une croûte délicieuse au parmesan, et que vous les faites griller, croyez-moi, la plupart d'entre vous deviendront vite des amateurs de courgette. Vous pouvez faire cuire des patates douces ou des carottes de la même façon, mais les courgettes cuisent beaucoup plus rapidement.

4 portions

- 4 petites pommes de terre nouvelles (rouges ou blanches, d'environ 3,5 cm [1½ po] de diamètre)
- 30 ml (2 c. à soupe) de beurre non salé
- 1 gousse d'ail, émincée
- 5 ml (1 c. à thé) de feuilles de thym frais, hachées
- 5 ml (1 c. à thé) de feuilles de romarin frais, hachées
- 2 petites courgettes coupées en 2 dans le sens de la longueur et, par la suite, en morceaux de 2,5 mm (1 po)
- 1 pincée de sel casher et de poivre noir fraîchement moulu
- 60 ml (¼ tasse) de fromage parmesan fraîchement râpé

Remplir d'eau une casserole moyenne. À feu vif, porter l'eau à ébullition. Ajouter les pommes de terre et cuire jusqu'à ce qu'elles soient tendres, de 8 à 10 minutes. Les égoutter et laisser refroidir. Lorsqu'elles sont refroidies, les couper en deux.

Placer une poêle de grandeur moyenne sur un feu moyen. Ajouter le beurre, l'ail, le thym et le romarin, et chauffer jusqu'à ce que le beurre ait fondu, environ 2 minutes. Pendant ce temps, assaisonner les courgettes et les pommes de terre avec le sel et le poivre. Placer délicatement les courgettes et les pommes de terre, le côté coupé dans le beurre fondu. Cuire jusqu'à ce qu'elles soient dorées, de 12 à 15 minutes.

Préchauffer le gril. Tapisser une plaque à pâtisserie avec une feuille de papier d'aluminium. Placer les courgettes et les pommes de terre dorées sur la plaque à pâtisserie, le côté coupé sur le dessus. Saupoudrer avec le parmesan. Griller jusqu'à ce que le fromage soit doré, environ 4 minutes. Transférer dans une assiette, et servir.

Gratin d'artichauts

C'est un plat d'accompagnement riche et divin que vous trouverez au menu d'une grilladerie. Les artichauts surgelés en font un plat impressionnant, mais facile à faire. J'aime le préparer dans des plats à gratin individuels, car chaque portion aura sa propre croûte dorée, ce que je préfère !

4 portions

- 45 ml (3 c. à soupe) d'huile d'olive
- 1 gousse d'ail, émincée
- 450 g (1 lb) de cœurs d'artichauts surgelés, décongelées
- 30 ml (2 c. à soupe) de feuilles de persil plat frais, hachées
- 3,5 ml (¾ c. à thé) de sel
- 1,25 ml (¼ c. à thé) de poivre noir fraîchement moulu
- 0,5 ml (⅛ c. à thé) de flocons de piment rouge
- 125 ml (½ tasse) de bouillon de poulet
- 60 ml (¼ tasse) de Marsala
- 10 ml (2 c. à thé) de beurre non salé
- 80 ml (⅓ tasse) de chapelure
- 80 ml (⅓ tasse) de fromage parmesan fraîchement râpé

Préchauffer le four à 230 °C (450 °F).

Faire chauffer l'huile d'olive à feu moyen-vif dans une poêle à fond épais. Ajouter l'ail, et cuire pendant 1 minute. Ajouter les cœurs d'artichauts, le persil, le sel, le poivre et les flocons de piment rouge, et faire sauter jusqu'à ce que les artichauts commencent à dorer sur les bords, environ 3 minutes. Ajouter le bouillon de poulet et le vin, et laisser mijoter pendant 3 minutes. Transférer le mélange d'artichauts dans une casserole de 1,5 l (6 tasses).

Faire fondre le beurre dans la poêle utilisée pour cuire les artichauts. Ajouter la chapelure et brasser pour enrober avec le beurre. Brasser en ajoutant le parmesan, puis saupoudrer les artichauts du mélange de chapelure. Cuire jusqu'à ce que le dessus soit doré, environ 10 minutes.

Asperges, artichauts et champignons sautés avec vinaigrette à l'estragon

Cette recette de vinaigrette polyvalente peut vous servir de suggestion pour tout ce que vous trouverez dans le tiroir à légumes. Par exemple, vous pourriez ajouter des fleurons de brocoli, des haricots verts ou de la courge d'été, pour n'en nommer que quelques-uns.

4 portions

Vinaigrette d'estragon
- 90 ml (6 c. à soupe) d'huile d'olive extra vierge
- 45 ml (3 c. à soupe) de vinaigre de vin blanc
- 30 ml (2 c. à soupe) de feuilles d'estragon frais, hachées
- 2,5 ml (½ c. à thé) de sel
- 1,25 ml (¼ c. à thé) de poivre noir fraîchement moulu

Sauté de légumes
- 30 ml (2 c. à soupe) d'huile d'olive
- 1 grosse échalote française, tranchée
- 1 gousse d'ail, émincée
- 225 g (8 oz) de champignons de Paris, parés et tranchés
- 1 botte d'asperges (450 g [1 lb]), parées et coupées en tronçons de 7,5 cm (3 po)
- 1 paquet de 225 g (8 oz) de cœurs d'artichauts surgelés, décongelés
- 500 ml (2 tasses) de tomates poires, coupées en 2
- 2,5 ml (½ c. à thé) de sel
- 1,25 ml (¼ c. à thé) de poivre noir fraîchement moulu

Pour la vinaigrette à l'estragon, combiner l'huile, le vinaigre, l'estragon, le sel et le poivre dans un contenant de verre à bouchon vissé. Bien fermer le contenant, et brasser vigoureusement pour mélanger.

Pour le sauté de légumes, faire chauffer l'huile dans une grande poêle à feu moyen-vif. Ajouter l'échalote française et l'ail, et faire sauter jusqu'à ce que ce soit tendre, environ 2 minutes. Ajouter les champignons et cuire jusqu'à ce qu'ils soient dorés, environ 5 minutes, en brassant fréquemment. Ajouter les asperges et les artichauts, et cuire jusqu'à ce que les asperges soient tendres, pendant environ 5 minutes, en brassant occasionnellement. Fermer le feu, et ajouter les tomates, le sel et le poivre ; arroser de vinaigrette et mélanger.

Transférer dans un plat, et servir immédiatement.

Artichauts au four avec gorgonzola et fines herbes

Les artichauts sont un peu longs à préparer, mais ça en vaut la peine pour avoir un plat si extraordinaire. La garniture devient bouillante, pleine de bulles, et crémeuse comme une portion individuelle de trempette chaude à l'artichaut pour chaque convive. Vous pouvez effectuer la plupart des étapes de la préparation bien à l'avance; les artichauts peuvent être bouillis tôt le matin et cuits plus tard, ou, si désiré, le plat entier peut être cuisiné une journée à l'avance, parce qu'il peut se réchauffer très facilement.

4 portions

- 4 artichauts
- 3 citrons
- 275 g (10 oz) de fromage gorgonzola doux, à la température ambiante
- 30 ml (2 c. à soupe) de crème riche en matière grasse
- 10 ml (2 c. à thé) de feuilles de thym frais, hachées
- 15 ml (1 c. à soupe) plus 10 ml (2 c. à thé) de feuilles de persil plat frais, hachées
- 1 gousse d'ail, hachée fin
- 2,5 ml (½ c. à thé) de sel
- 2,5 ml (½ c. à thé) de poivre noir fraîchement moulu
- 45 ml (3 c. à soupe) de chapelure
- 15 ml (1 c. à soupe) d'huile d'olive

Amener une grande casserole d'eau salée à ébullition à feu vif. Préparer les artichauts en coupant le haut des feuilles, enlever environ 2,5 cm (1 po). Couper la tige des artichauts afin qu'ils puissent se tenir droits, puis enlever quelques feuilles de l'extérieur. À l'aide de ciseaux de cuisine, couper la pointe de chaque feuille extérieure restante. Mettre les artichauts dans l'eau bouillante. Couper les citrons en deux, presser le jus dans l'eau bouillante, puis les mettre dans l'eau. Cuire les artichauts jusqu'à ce qu'ils soient tendres, environ 30 minutes. Les égoutter la tête en bas sur un linge propre, et laisser refroidir.

Pendant ce temps, dans un petit bol, mélanger ensemble le fromage gorgonzola, la crème, le thym, 10 ml (2 c. à thé) de persil, l'ail, le sel et le poivre. Dans un autre petit plat, mélanger ensemble la chapelure et les 15 ml (1 c. à soupe) restants du persil.

Préchauffer le four à 200 °C (400 °F). Ouvrir les artichauts avec les doigts, et, à l'aide d'une petite cuillère, enlever le cœur de l'artichaut. Verser le mélange de fromage dans les artichauts et les disposer sur une plaque à pâtisserie. Saupoudrer avec le mélange de chapelure et verser l'huile d'olive en filet. Cuire jusqu'à ce que les artichauts soient bien chauds, le fromage fondu, et la chapelure croustillante et dorée, pendant environ 25 minutes. Transférer les artichauts dans un plat, et servir.

Pâtes

SPAGHETTIS AU BLÉ ENTIER AVEC CITRON, BASILIC ET SAUMON
PASTINA AVEC PALOURDES ET MOULES
LASAGNE AUX ASPERGES
TIMBALES D'AUBERGINES
TAGLIATELLES AUX SAUCISSES, AU FROMAGE RICOTTA ET À LA PURÉE DE POIS
ORZO CUIT AVEC FONTINA ET POIS VERTS
LINGUINES AU BLÉ ENTIER AVEC HARICOTS VERTS, RICOTTA ET CITRON
CARBONARA DE GIADA
PENNES AVEC CREVETTES ET SAUCE CRÉMEUSE AUX FINES HERBES
ORECCHIETTES AVEC SAUCISSES, HARICOTS ET MASCARPONE
MANICOTTIS À LA BETTE À CARDE ET AUX POIS
RISOTTO AU CITRON
RISOTTO À LA COURGE MUSQUÉE ET À LA VANILLE
LINGUINES AUX CREVETTES ET À L'HUILE DE CITRON
RIGATONIS À LA COURGE ET AUX CREVETTES
PENNES AVEC PURÉE D'AUBERGINE
RIGATONIS AVEC LÉGUMES À LA BOLOGNAISE
POIVRONS FARCIS À L'ORZO

PÂTES

À part le chocolat, les pâtes sont sans contredit mon aliment favori. Elles ne coûtent pas cher, sont polyvalentes et intéressantes avec leurs diverses formes et grosseurs. Le plus important, c'est qu'elles sont délicieuses. Elles peuvent être servies à une foule affamée ou à un dîner pour deux amoureux. Lorsque bien préparées, elles ne désappointent jamais. C'est un repas complet, avec ou sans protéines. Pour une occasion spéciale, servez mon Rigatoni à la courge et aux crevettes ; il est si élégant, et pourtant, il goûte la même chose que les repas que ma grand-mère préparait. Essayez mon Orzo cuit avec fontina et pois verts lorsque vous avez le goût de manger quelque chose de riche et réconfortant ; n'ayez pas peur d'essayer les pâtes au blé entier ; leur saveur et leur texture se sont indéniablement améliorées ces dernières années. Un de mes plats favoris pour les soirs de semaine : les Linguines au blé entier avec haricots verts, ricotta et citron. Il est rapide et facile à faire, et en plus de satisfaire mon appétit, il me donne bonne conscience. Que demander de plus ?

Spaghettis au blé entier avec citron, basilic et saumon

Si vous recherchez un repas santé, vous ne vous trompez pas avec celui-ci. Les épinards ne cuisent pas vraiment, mais s'affaissent au contact de la chaleur des pâtes chaudes. Lorsque je mange ce plat, je fais d'une pierre deux coups : je satisfais mon goût de pâtes, et je m'offre un repas nutritif et santé.

4 portions

- 225 g (½ lb) de spaghettis au blé entier ou aux grains entiers
- 1 gousse d'ail, émincée
- 30 ml (2 c. à soupe) d'huile d'olive extra vierge
- 2,5 ml (½ c. à thé) de sel, plus pour l'assaisonnement
- 2,5 ml (½ c. à thé) de poivre noir fraîchement moulu, plus pour l'assaisonnement
- 15 ml (1 c. à soupe) d'huile d'olive
- 4 filets de saumon de 110 g (4 oz) chacun
- 60 ml (¼ tasse) de feuilles de basilic frais, hachées
- 45 ml (3 c. à soupe) de câpres, rincées et égouttées
- Zeste de 1 citron
- 30 ml (2 c. à soupe) de jus de citron fraîchement pressé
- 500 ml (2 tasses) de feuilles de jeunes pousses d'épinards fraîches

Porter à ébullition de l'eau salée dans une grande casserole à feu vif. Ajouter les pâtes, et cuire jusqu'à ce qu'elles soient tendres mais fermes sous la dent, environ 8 à 10 minutes, et brasser de temps à autre. Les égoutter et les transférer dans un grand bol. Ajouter l'ail, l'huile d'olive extra vierge, le sel et le poivre, et bien mélanger.

Pendant ce temps, réchauffer l'huile d'olive dans une poêle moyenne sur un feu moyen-vif. Assaisonner les filets de saumon avec le sel et le poivre. Mettre le poisson dans la poêle et cuire jusqu'à ce qu'il soit mi-saignant, environ 2 minutes de chaque côté, selon l'épaisseur des filets. Retirer de la poêle.

Ajouter le basilic, les câpres, le zeste et le jus de citron sur les spaghettis, et bien mélanger. Préparer 4 assiettes ou 4 plats peu profonds. Placer 125 ml (½ tasse) d'épinards dans chaque plat. Recouvrir avec le quart des pâtes. Placer un filet de saumon sur le dessus. Servir immédiatement.

Pastina avec palourdes et moules

Le terme *pastina* fait référence à toutes les petites pâtes, qu'elles soient en forme d'étoile, de petits carrés, de petites coquilles ou que ce soit du *riso*. Ne faites pas bouillir complètement les petites pâtes, parce qu'elles continueront leur cuisson avec les palourdes et les moules, et absorberont ainsi tout le savoureux liquide, sans pour autant devenir trop pâteuses. Ce plat ressemble à un risotto, mais il est beaucoup plus facile à faire.

4 à 6 portions

- 750 ml (3 tasses) de bouillon de poulet à faible teneur en sodium
- 15 ml (1 c. à soupe) de sel casher, plus pour l'assaisonnement
- 450 g (1 lb) de pastina ou de fregola (voir page 81)
- 60 ml (¼ tasse) plus 45 ml (3 c. à soupe) d'huile d'olive
- 1 oignon moyen, haché
- Poivre noir fraîchement moulu
- 2 gousses d'ail, hachées
- 250 ml (1 tasse) de Marsala sec ou de Xérès sec
- 250 ml (1 tasse) de tomates raisins
- 12 palourdes du Pacifique, brossées
- 12 moules, brossées et ébarbées
- 125 ml (½ tasse) de feuilles de persil plat frais, hachées

Dans une grande casserole, combiner le bouillon de poulet, 750 ml (3 tasses) d'eau et 15 ml (1 c. à soupe) de sel, et porter à ébullition à feu vif. Ajouter les pâtes, et cuire jusqu'à ce qu'elles soient tendres mais fermes sous la dent, en brassant de temps à autre, environ 5 à 6 minutes. Égoutter.

Pendant la cuisson des pâtes, faire chauffer 60 ml (¼ tasse) d'huile d'olive à feu moyen-vif. Ajouter l'oignon, assaisonner avec le sel et le poivre, et cuire jusqu'à ce qu'il soit tendre, de 5 à 7 minutes. Ajouter l'ail et cuire 1 minute encore. Ajouter le Marsala et les tomates, et cuire pendant 1 minute; gratter le fond de la marmite avec une cuillère en bois. Ajouter les palourdes et les moules, bien couvrir, et cuire jusqu'à ce que les coquilles soient ouvertes, de 5 à 8 minutes. Jeter les coquilles qui ne s'ouvrent pas.

À l'aide de pinces, enlever les palourdes et les moules, et réserver. Transférer les pâtes dans un grand plat de service. Verser le liquide des mollusques et les légumes sur les pâtes, ajouter les 45 ml (3 c. à soupe) restants de l'huile d'olive, saupoudrer de 60 ml (¼ tasse) de persil et mélanger. Déposer les mollusques sur les pâtes, et saupoudrer avec le reste du persil.

Lasagne aux asperges

Si vous trouvez la lasagne à la sauce aux tomates trop lourde pour un repas d'été, cette recette est un autre bon choix et une vraie merveille dans une assiette. On étend une couche de pesto de tomates séchées au soleil entre les pâtes et les légumes, ce qui ajoute un léger goût sucré à ce plat.

6 à 8 portions

- 15 ml (1 c. à soupe) plus 5 ml (1 c. à thé) d'huile d'olive
- 9 lasagnes fraîches ou sèches
- 2 pots de tomates séchées au soleil de 240 ml (8,5 oz), égouttées
- 375 ml (1½ tasse) de feuilles de basilic frais, tassées
- 310 ml (1¼ tasse) de fromage parmesan fraîchement râpé
- 110 g (¼ lb) de pancetta, coupée en dés
- 1 oignon moyen, coupé en dés
- 2 gousses d'ail, émincées
- 4 bottes d'asperges, parées et coupées en tronçons de 2,5 cm (1 po)
- 1 contenant de 430 g (15 oz) de fromage ricotta au lait entier
- 5 ml (1 c. à thé) de sel
- 2,5 ml (½ c. à thé) de poivre noir fraîchement moulu
- 500 ml (2 tasses) de fromage mozzarella au lait entier, râpé
- 30 ml (2 c. à soupe) de beurre non salé, coupé en petits morceaux

Dans une grande casserole à feu vif, porter à ébullition de l'eau salée. Ajouter 15 ml (1 c. à soupe) d'huile d'olive. Ajouter les pâtes, et cuire jusqu'à ce qu'elles soient tendres mais fermes sous la dent, en brassant de temps à autre, de 8 à 10 minutes pour les pâtes sèches, ou de 2 à 3 minutes pour les pâtes fraîches. Égoutter.

Dans un robot culinaire, combiner les tomates séchées au soleil et le basilic. Bien mélanger. Transférer dans un petit bol et ajouter 125 ml (½ tasse) de fromage parmesan. Réserver.

Dans une grande poêle, faire dorer la pancetta jusqu'à ce qu'elle soit croustillante. Retirer de la poêle en utilisant une cuillère à égoutter. Ajouter 15 ml (1 c. à soupe) d'huile d'olive, l'oignon et l'ail dans la même poêle, et cuire jusqu'à ce que ce soit tendre, environ 4 minutes. Ajouter les asperges et les faire cuire jusqu'à ce qu'elles soient tendres, environ 4 minutes, et transférer le mélange dans un grand bol. Ajouter le fromage ricotta, le sel et le poivre, et remuer pour mélanger.

Préchauffer le four à 180 °C (350 °F). Étendre une partie du mélange des tomates dans un plat de 23 x 33 cm (9 x 13 po) allant au four. Placer une couche de lazagne sur les tomates, et ajouter la moitié du mélange d'asperges. Saupoudrer avec le tiers du fromage mozzarella et le tiers des 190 ml (¾ tasse) restants du fromage parmesan. Recommencer de la même façon. Recouvrir avec une troisième couche de lasagne, le mélange de tomates, et le reste du parmesan et de la mozzarella. Parsemer de noisettes de beurre. Cuire jusqu'à ce que la lasagne soit bien chaude et que le fromage soit fondu, environ 25 minutes.

Timbales d'aubergines

Lorsque j'allais en Italie avec ma famille visiter la famille de mon grand-père à Naples, ses sœurs nous préparaient souvent une de ces impressionnantes timbales. De l'extérieur, elles semblaient ordinaires, mais lorsque nous les coupions, nous voyions qu'elles étaient remplies d'un mélange qui semblait tellement délicieux ; lorsque j'étais enfant, je les trouvais géniales. Je les trouve toujours géniales.

4 à 6 portions

- 2 aubergines moyennes, tranchées à 0,5 cm (¼ po) d'épaisseur dans le sens de la longueur
- 80 ml (⅓ tasse) plus 30 ml (2 c. à soupe) d'huile d'olive
- Sel, et poivre noir fraîchement moulu
- 225 g (½ lb) de pennes
- 1 oignon moyen, coupé en dés
- 225 g (½ lb) de bœuf haché maigre
- 225 g (½ lb) de saucisses italiennes au porc
- 60 ml (¼ tasse) de Marsala
- 250 ml (1 tasse) de pois surgelés, décongelés
- 500 ml (2 tasses) de sauce marinara en conserve ou faite maison (page 144)
- 375 ml (1½ tasse) de fromage mozzarella fumé, coupé en dés (environ 170 g [6 oz])
- 250 ml (1 tasse) de fromage pecorino romano fraîchement râpé
- 250 ml (1 tasse) de feuilles de basilic frais, hachées

Placer une poêle à rainures sur un feu moyen-vif, ou préchauffer un barbecue au gaz ou au charbon de bois. À l'aide d'un pinceau, badigeonner légèrement les tranches d'aubergines avec 80 ml (⅓ tasse) d'huile d'olive, puis saler et poivrer. Faire griller les tranches d'aubergines sur les deux côtés, jusqu'à ce qu'elles soient tendres et colorées, et que l'on voie les marques des grilles, environ 4 minutes de chaque côté. Réserver.

Pendant que les aubergines cuisent, porter à ébullition à feu vif de l'eau salée dans une grande casserole. Ajouter les pâtes, et cuire jusqu'à ce qu'elles soient tendres mais fermes sous la dent, en brassant de temps à autre, de 8 à 10 minutes. Égoutter.

Pendant ce temps, faire chauffer dans une grande poêle les 30 ml (2 c. à soupe) d'huile d'olive restants sur un feu moyen-vif. Ajouter l'oignon, et faire sauter jusqu'à ce qu'il soit tendre, environ 3 minutes. Ajouter le bœuf haché et la saucisse, et faire dorer la viande tout en la remuant à l'aide d'une cuillère de bois jusqu'à ce qu'elle soit émiettée, environ 5 minutes. Jeter le surplus de gras. Ajouter le Marsala, et cuire jusqu'à ce que le vin se soit évaporé, environ 3 minutes. Fermer le feu. Ajouter les pois et la sauce marinara, et remuer pour mélanger. Ajouter la mozzarella, 190 ml (¾ tasse) du fromage pecorino, le basilic et les pâtes cuites. Assaisonner avec du sel et du poivre.

Préchauffer le four à 180 °C (350 °F). Couvrir un moule à charnières de 23 cm (9 po) avec les tranches d'aubergines, en s'assurant que les tranches se chevauchent et qu'elles dépassent les bords du moule ; en garder quelques tranches. Remplir le moule avec le mélange de pâtes en pressant pour qu'il soit bien distribué. Replier les tranches d'aubergines qui dépassent et recouvrir des tranches réservées pour que la timbale soit bien fermée. Cuire jusqu'à ce que la timbale soit chaude et que le fromage ait fondu, environ 30 minutes. Laisser refroidir pendant 10 minutes.

Inverser la timbale sur une assiette de service et enlever le moule. Saupoudrer avec le reste du fromage pecorino râpé, trancher et servir.

Pates

109

Tagliatelles aux saucisses, au fromage ricotta et à la purée de pois

Todd aime les pois surgelés et il aime les saucisses ; alors j'ai créé cette recette en pensant à lui. Lorsque vous écrasez les pois, ils libèrent leurs féculents dans la sauce, la rendant un peu plus épaisse et crémeuse. Pour vous rendre la vie un peu plus facile, utilisez un presse-purée pour écraser les pois.

4 à 6 portions

- 450 g (1 lb) de tagliatelles sèches ou fraîches (ou toute autre pâte large et longue)
- 30 ml (2 c. à soupe) d'huile d'olive
- 2 gousses d'ail, hachées
- 450 g (1 lb) de saucisses italiennes épicées, l'enveloppe retirée
- 450 g (1 lb) de pois surgelés, décongelés
- 250 ml (1 tasse) de fromage ricotta au lait entier
- 1 poignée de feuilles de basilic frais, coupées (environ 190 ml [¾ tasse])
- 60 ml (¼ tasse) de fromage pecorino romano fraîchement râpé
- 5 ml (1 c. à thé) de sel

Porter à ébullition à feu vif de l'eau salée dans une grande casserole. Ajouter les pâtes, et cuire jusqu'à ce qu'elles soient tendres mais fermes sous la dent ; brasser de temps à autre, de 8 à 10 minutes si les pâtes sont sèches, et si elles sont fraîches, suivre les instructions sur l'emballage. Les égoutter et réserver 250 ml (1 tasse) de l'eau de cuisson.

Pendant ce temps, chauffer l'huile d'olive et l'ail à feu moyen-vif dans une grande poêle à fond épais, jusqu'à ce que l'ail dégage son arôme. Ajouter les saucisses et cuire, en utilisant une cuillère de bois pour les briser en morceaux de la grosseur d'une bouchée. Lorsque les saucisses sont dorées, environ 5 minutes, les pousser sur un côté de la poêle. Ajouter les pois et, en utilisant la cuillère de bois, les écraser. Fermer le feu. Ajouter le fromage ricotta à la poêle et mélanger, puis ajouter les pâtes cuites et remuer pour enrober. Ajouter l'eau de cuisson, 60 ml (¼ tasse) à la fois, si nécessaire, pour humidifier les pâtes. Ajouter le basilic, le pecorino et le sel. Remuer délicatement pour mélanger, et servir immédiatement.

Orzo cuit avec fontina et pois verts

Dans ma famille, les pâtes cuites au four ont toujours été les favorites, et je les aime toujours — spécialement celles qui ont une croûte de fromage croustillant. Pleine de beurre et de crème, cette recette est une riche gourmandise. Cuisinez la recette une journée d'avance et la faire cuire avant le repas si vous le désirez.

6 à 8 portions

- 1 l (4 tasses) de bouillon de poulet à faible teneur en sodium
- 450 g (1 lb) d'orzo
- 15 ml (3 c. à thé) de beurre non salé, plus pour beurrer le plat à cuisson
- 1 oignon haché
- 225 g (8 oz) de champignons blancs, parés et tranchés
- 250 ml (1 tasse) de Marsala
- 125 ml (½ tasse) de crème riche en matière grasse
- 115 g (4 oz) de fromage fontina, râpé (environ 250 ml [1 tasse])
- 115 g (4 oz) de fromage mozzarella frais, coupé en dés (environ 250 ml [1 tasse])
- 250 ml (1 tasse) de pois surgelés, décongelés
- 2,5 ml (½ c. à thé) de sel
- 2,5 ml (½ c. à thé) de poivre noir fraîchement moulu
- 125 ml (½ tasse) de chapelure
- 60 ml (¼ tasse) de fromage parmesan fraîchement râpé
- 5 ml (1 c. à thé) de thym séché

Préchauffer le four à 200 °C (400 °F). Beurrer un plat à cuisson de 23 x 33 cm (9 x 13 po).

Porter à ébullition le bouillon de poulet à feu moyen-vif dans une casserole moyenne. Ajouter l'orzo, et cuire jusqu'à ce qu'il soit tendre, environ 7 minutes. Verser l'orzo et le bouillon dans un grand bol résistant à la chaleur. Réserver.

Pendant ce temps, faire fondre le beurre à feu moyen dans une poêle de taille moyenne. Ajouter les oignons et les faire sauter jusqu'à ce qu'ils soient tendres, environ 3 minutes. Ajouter les champignons et les faire sauter jusqu'à ce que les bords soient dorés, environ 7 minutes. Ajouter le Marsala. Gratter le fond de la poêle et cuire jusqu'à ce que le Marsala ait réduit de moitié, environ 5 minutes. Ajouter le mélange de champignons à l'orzo dans le grand bol, puis ajouter la crème, la fontina, la mozzarella, les pois, le sel et le poivre. Remuer pour mélanger. Verser le mélange dans le plat à cuisson déjà beurré.

Dans un petit bol, combiner la chapelure, le parmesan et le thym. Saupoudrer ce mélange sur les pâtes. Cuire jusqu'à ce que le dessus soit doré, environ 25 minutes.

Linguines au blé entier avec haricots verts, ricotta et citron

Ce ne sont pas toutes les sauces à la crème qui sont très riches. La combinaison du fromage ricotta partiellement écrémé avec l'eau des pâtes donne une sauce légère et crémeuse. Ne pas oublier le zeste de citron, car il ajoute une saveur spéciale en même temps qu'un arôme citronné.

4 à 6 portions

- 450 g (1 lb) de linguines au blé entier
- 125 ml (½ tasse) de fromage ricotta partiellement écrémé
- 45 ml (3 c. à soupe) d'huile d'olive
- 225 g (½ lb) de haricots verts, préparés et coupés en 2 dans le sens de la longueur
- 1 gousse d'ail, hachée
- 5 ml (1 c. à thé) de sel
- 2,5 ml (½ c. à thé) de poivre noir fraîchement moulu
- 250 ml (1 tasse) de tomates cerises, coupées en 2
- Zeste de 1 citron

Porter à ébullition de l'eau salée dans une grande casserole à feu vif. Ajouter les pâtes, et cuire jusqu'à ce qu'elles soient tendres mais fermes sous la dent, environ 8 à 10 minutes, en brassant de temps à autre. Égoutter, et réserver 250 ml (1 tasse) de l'eau de cuisson des pâtes. Transférer les pâtes dans un grand bol résistant à la chaleur, et ajouter la ricotta. Brasser pour mélanger.

Pendant ce temps, dans une grande poêle à fond épais, faire chauffer l'huile d'olive à feu moyen-vif. Ajouter les haricots verts, l'ail, le sel et le poivre, et faire sauter pendant 4 minutes. Ajouter l'eau de cuisson des pâtes, et continuer à cuire jusqu'à ce que les haricots soient tendres, environ 4 minutes de plus. Ajouter dans la poêle les pâtes enrobées de ricotta avec les haricots verts, et remuer pour bien enrober. Ajouter les tomates et remuer délicatement. Transférer dans un plat de service et saupoudrer de zeste de citron. Servir.

Carbonara de Giada

Mon frère, ma sœur et moi avions si souvent une telle envie de manger ce carbonara lorsque nous étions enfants que nous avons appris à le préparer nous-mêmes ; en réalité, c'est une des premières recettes que j'ai préparée pour moi-même. Maintenant, je fais ce carbonara pour des occasions spéciales ; ce n'est pas un plat de tous les jours, mais il a une place importante au brunch du dimanche. Ajoutez du champagne avec une salade de fruits, et c'est complet. L'aïoli au basilic peut se garder jusqu'à une semaine au réfrigérateur, et vous pouvez l'utiliser comme trempette pour les légumes ou comme tartinade pour sandwich.

4 à 6 portions

1 botte d'asperges, les bouts enlevés, mais l'élastique encore autour

Aïoli au basilic
1 gousse d'ail, émincée
2 gros jaunes d'œufs (voir Note)
10 ml (2 c. à thé) de moutarde de Dijon
5 ml (1 c. à thé) de jus de citron fraîchement pressé
60 ml (¼ tasse) de feuilles de basilic frais, finement hachées
2,5 ml (½ c. à thé) de sel
1,25 ml (¼ c. à thé) de poivre noir fraîchement moulu
0,5 ml (⅛ c. à thé) de poivre de Cayenne
125 ml (½ tasse) d'huile végétale
125 ml (½ tasse) d'huile d'olive extra vierge

450 g (1 lb) de linguines
250 ml (1 tasse) de fromage pecorino romano râpé (environ 115 g [4 oz])
Sel et poivre noir fraîchement moulu
60 ml (4 c. à soupe) de beurre non salé
4 à 6 gros œufs

Porter à ébullition de l'eau salée dans une grande casserole à feu vif. Ajouter les asperges, et cuire pendant 3 minutes. À l'aide de pinces, transférer les asperges dans un bol d'eau glacée et laisser refroidir, environ 5 minutes. Égoutter les asperges, enlever l'élastique, et les couper en tronçons de 2,5 cm (1 po).

Pour faire l'aïoli au basilic : Pendant la cuisson des asperges, combiner l'ail, les jaunes d'œufs, la moutarde, le jus de citron, le basilic, le sel, le poivre et le poivre de Cayenne dans un robot culinaire, et mélanger. Pendant que le robot fonctionne, verser lentement les huiles d'olive et végétale.

Pendant ce temps, ajouter les pâtes dans la même eau qui a servi pour cuire les asperges, et cuire jusqu'à ce qu'elles soient tendres mais fermes sous la dent, de 8 à 10 minutes, en brassant de temps à autre. Égoutter les pâtes et les placer dans un grand bol. Ajouter 250 ml (1 tasse) d'aïoli au basilic, les asperges, le fromage râpé, 2,5 ml (½ c. à thé) de sel et 2,5 ml (½ c. à thé) de poivre, et mélanger. Transférer dans un plat de service.

Faire fondre le beurre dans une poêle à feu moyen-vif. Ajouter les œufs, assaisonner de sel et de poivre, et les faire cuire selon votre goût. Disposer sur le dessus des pâtes, et servir.

Note : Cette recette comprend des jaunes d'œufs crus, qui ne sont pas recommandés pour les enfants, les aînés, et ceux dont le système immunitaire est déficient. Si vous êtes inquiet à propos des œufs crus, choisissez une autre recette.

Pennes avec crevettes et sauce crémeuse aux fines herbes

C'est un plat qui est réconfortant tout en restant élégant ; c'est pourquoi j'aime le servir lors des réunions du temps des Fêtes. Le meilleur de tout, c'est que cette recette très rapide et facile à faire est parfaite lorsque vous avez peu de temps, mais devez préparer quelque chose de spécial.

4 à 6 portions

- 450 g (1 lb) de pennes
- 60 ml (¼ tasse) d'huile d'olive
- 450 g (1 lb) de crevettes moyennes, pelées et déveinées
- 4 gousses d'ail, émincées
- 2,5 ml (½ c. à thé) de sel casher, un peu plus, au goût
- 2,5 ml (½ c. à thé) de poivre noir fraîchement moulu, un peu plus, au goût
- 1 conserve de 420 ml (15 oz) de tomates entières, égouttées et hachées grossièrement
- 125 ml (½ tasse) de basilic frais, haché
- 125 ml (½ tasse) de persil plat frais, haché
- 1,25 ml (¼ c. à thé) de flocons de piment rouge, écrasés
- 250 ml (1 tasse) de vin blanc sec
- 80 ml (⅓ tasse) de jus de palourdes en bouteille
- 190 ml (¾ tasse) de crème riche en matière grasse
- 125 ml (½ tasse) de fromage parmesan râpé

Porter à ébullition de l'eau salée dans une grande casserole, à feu vif. Ajouter les pâtes, et cuire jusqu'à ce qu'elles soient tendres mais fermes sous la dent, en brassant de temps à autre, de 8 à 10 minutes. Égoutter et réserver.

Dans une grande poêle, faire chauffer l'huile à feu moyen-vif. Ajouter les crevettes, l'ail, 2,5 ml (½ c. à thé) de sel et 2,5 ml (½ c. à thé) de poivre. Cuire en brassant fréquemment, jusqu'à ce que les crevettes deviennent roses et soient bien cuites, environ 3 minutes. À l'aide d'une cuillère à égoutter, enlever les crevettes de la poêle, et réserver.

Mettre les tomates, 60 ml (¼ tasse) de basilic, 60 ml (¼ tasse) de persil et les flocons de piment rouge dans une poêle, et cuire pendant 2 minutes, en brassant constamment. Ajouter le vin, et laisser mijoter pendant 2 autres minutes. Ajouter le jus de palourdes et la crème. Porter le mélange à ébullition. Réduire la chaleur du feu, et laisser mijoter de 7 à 10 minutes, jusqu'à ce que la sauce épaississe.

Ajouter 60 ml (¼ tasse) de parmesan, les crevettes cuites, les pâtes égouttées, et le reste du basilic et du persil. Remuer jusqu'à ce que tous les ingrédients soient bien enrobés avec la sauce. Assaisonner au goût avec le sel et le poivre.

Transférer les pâtes dans un grand plat de service. Saupoudrer avec le reste du fromage, et servir immédiatement.

Orecchiettes avec saucisses, haricots et mascarpone

Les orecchiettes sont comme des petites cuillères qui retiennent tous les ingrédients et qui vous permettent ainsi de goûter toutes les saveurs à chaque bouchée. Cette recette est très rapide à faire.

4 à 6 portions

- 450 g (1 lb) d'orecchiettes, ou toute autre petite pâte
- 30 ml (2 c. à soupe) d'huile d'olive
- 225 g (½ lb) de saucisse de dinde, les enveloppes retirées
- 1 petit oignon, haché
- 1 conserve de 420 ml (15 oz) de cannellinis, rincés et égouttés
- 30 ml (2 c. à soupe) de feuilles d'origan frais, hachées
- 125 ml (½ tasse) de fromage mascarpone
- 5 ml (1 c. à thé) de sel
- 2,5 ml (½ c. à thé) de poivre noir fraîchement moulu

Porter à ébullition à feu vif de l'eau salée dans une grande casserole. Ajouter les pâtes, et cuire jusqu'à ce qu'elles soient tendres mais fermes sous la dent, en brassant de temps à autre, de 8 à 10 minutes. Égoutter, et réserver 250 ml (1 tasse) de l'eau de cuisson.

Dans une grande poêle à fond épais, faire chauffer l'huile d'olive à feu moyen-vif. Ajouter les saucisses et l'oignon, et cuire, tout en défaisant la viande en morceaux de la grosseur d'une bouchée lorsqu'elle commence à dorer. Continuer la cuisson jusqu'à ce que les saucisses soient dorées et l'oignon, tendre. Ajouter les haricots et l'origan, et cuire pendant 2 minutes encore. Ajouter l'eau de cuisson réservée, et brasser tout en grattant le fond de la poêle pour en décoller les particules. Ajouter le fromage mascarpone, et brasser jusqu'à ce qu'il se dissolve et jusqu'à l'obtention d'une sauce légère. Ajouter le sel, le poivre et les pâtes chaudes. Brasser pour enrober avec la sauce, et servir.

Manicottis à la bette à carde et aux pois

Ce plat est très consistant sans pour autant contenir de viande. Il a sa place aux dîners de famille dominicaux, comme accompagnement ou comme plat principal. C'est également une excellente façon d'inclure des légumes verts dans votre alimentation. Vous aurez besoin d'une poche à douille à grande ouverture pour cette recette.

12 manicottis (4 à 6 portions)

Beurre pour graisser le moule
12 manicottis ou cannellonis

Garniture

- 1 botte (environ 340 g [12 oz]) de bette à carde, blanche ou rouge
- 30 ml (2 c. à soupe) d'huile d'olive
- 1 oignon moyen, haché
- 1 gousse d'ail, émincée
- 1 contenant de 420 ml (15 oz) de fromage ricotta au lait entier
- 190 ml (¾ tasse) de petits pois surgelés, décongelés
- 250 ml (1 tasse) de fromage mozzarella, râpé (115 g [4 oz])
- 190 ml (¾ tasse) de fromage parmesan, râpé (50 g [2 oz])
- 60 ml (¼ tasse) de basilic frais, haché
- 3,5 ml (¾ c. à thé) de sel casher
- 1,25 ml (¼ c. à thé) de poivre noir fraîchement moulu

Sauce à la fontina fondue

- 190 ml (¾ tasse) de lait entier
- 125 ml (½ tasse) de crème riche en matière grasse
- 750 ml (3 tasses) de fromage fontina, râpé (170 g [6 oz])
- 30 ml (2 c. à soupe) de fromage parmesan, râpé
- 30 ml (2 c. à soupe) de basilic frais, haché

375 ml (1½ tasse) de fromage mozzarella, râpé (170 g [6 oz])

Préchauffer le four à 200 °C (400 °F). Beurrer généreusement un plat à cuisson en verre de 23 x 33 cm (9 x 13 po).

Porter à ébullition à feu vif de l'eau salée dans une grande casserole. Ajouter les pâtes, et cuire jusqu'à ce qu'elles soient tendres mais fermes sous la dent, de 6 à 8 minutes, en brassant de temps à autre. Égoutter les pâtes, et les rincer à l'eau froide. Réserver.

Pour la garniture : À l'aide de ciseaux de cuisine ou d'un couteau, enlever les tiges des bettes à carde. Hacher les feuilles en petits morceaux de 2,5 cm (1 po). Dans une grande poêle à revêtement antiadhésif, chauffer l'huile d'olive à feu moyen-vif. Ajouter l'oignon, et cuire jusqu'à ce qu'il soit tendre, de 5 à 7 minutes. Ajouter l'ail, et cuire 1 minute encore, puis ajouter la bette à carde, et cuire en brassant constamment, jusqu'à ce qu'elle soit affaissée, environ 2 minutes. Laisser refroidir un peu le mélange.

Voir la suite de la recette à la page 120

Mettre dans un robot culinaire la ricotta, les pois, la mozzarella, le parmesan, le basilic, le sel et le poivre. Ajouter le mélange refroidi de bettes à carde, et mélanger jusqu'à ce que le tout soit homogène. À l'aide d'une cuillère, mettre le mélange dans la poche à douille, et farcir chaque manicotti. Les placer dans le plat à cuisson déjà beurré.

Pour la sauce à la fontina fondue :
Dans une poêle moyenne à fond épais, amener le lait et la crème à ébullition, et laisser mijoter à feu moyen. Réduire la chaleur à feu doux. Ajouter le fromage fontina, et cuire en brassant constamment, jusqu'à ce qu'il ait fondu et que le mélange soit homogène. Enlever la poêle du feu. Ajouter le parmesan et le basilic en mélangeant.

Verser la sauce sur les manicottis farcis, et saupoudrer avec 375 ml (1½ tasse) de fromage mozzarella. Cuire pendant 30 à 35 minutes, jusqu'à ce que le dessus soit doré. Laisser reposer pendant 5 minutes avant de servir.

Risotto au citron

Crémeux, au goût citronné et délicieux, il se sert comme plat principal ou en accompagnement. Pour une touche amusante et élégante, servir les plats d'accompagnement en portions individuelles dans des citrons évidés (voir Note). C'est une touche ravissante qui donne un air de fête à presque tous les repas du printemps.

4 portions comme plat principal, ou 8 portions comme plat d'accompagnement ou comme entrée

- 1 l (4 tasses) de bouillon de poulet à faible teneur en sodium
- 125 ml (½ tasse) de jus de citron fraîchement pressé (de 2 ou 3 citrons)
- 45 ml (3 c. à soupe) de beurre non salé
- 2 grosses échalotes, coupées en dés
- 375 ml (1½ tasse) de riz arborio
- 125 ml (½ tasse) de vin blanc sec
- 125 ml (½ tasse) de parmesan fraîchement râpé, plus 30 ml (2 c. à soupe)
- 60 ml (¼ de tasse) de mascarpone
- Zeste de ½ citron
- 3,5 ml (¾ c. à thé) de sel casher
- 3,5 ml (¾ c. à thé) de poivre noir fraîchement moulu
- 30 ml (2 c. à soupe) de persil plat frais, haché

Dans une casserole moyenne, faire mijoter le bouillon et 60 ml (¼ tasse) du jus de citron. Couvrir et garder au chaud sur un feu doux.

Dans une casserole moyenne à fond épais, faire fondre 30 ml (2 c. à soupe) de beurre à feu moyen. Ajouter les échalotes, et faire sauter jusqu'à ce qu'elles soient tendres, mais non dorées, environ 3 minutes. Ajouter le riz, et remuer pour l'enrober de beurre. Ajouter le vin et 60 ml (¼ tasse) du jus de citron, et laisser mijoter jusqu'à ce qu'il soit presque entièrement évaporé, environ 3 minutes. Verser 125 ml (½ tasse) du bouillon qui a mijoté, et continuer à brasser jusqu'à ce qu'il soit presque complètement absorbé, environ 2 minutes. Continuer la cuisson du riz en ajoutant 125 ml (½ tasse) de bouillon à la fois ; brasser constamment en laissant le temps au riz de l'absorber avant d'en ajouter d'autre. Cuire jusqu'à ce que le riz soit tendre mais encore ferme, et que le mélange soit crémeux, environ 20 minutes au total. Retirer du feu. Y ajouter les 15 ml (1 c. à soupe) restants du beurre, 125 ml (½ tasse) de parmesan, le fromage mascarpone, le zeste de citron, le sel et le poivre. Saupoudrer avec les 30 ml (2 c. à soupe) restants de parmesan, garnir de persil, et servir.

Note : Pour servir le risotto dans des citrons évidés, couper 0,5 cm (¼ po) du bas des 6 citrons pour qu'ils puissent tenir droit. Retrancher 2,5 cm (1 po) du bout de la tige. À l'aide d'une cuillère à pamplemousse, retirer la chair du citron et la jeter. Remplir chaque citron avec 125 ml (½ tasse) de risotto. Saupoudrer le dessus des citrons avec 30 ml (2 c. à soupe) de parmesan râpé, et servir.

Risotto à la courge musquée et à la vanille

La première fois que j'ai goûté un plat similaire, c'était en Afrique du Sud, et j'ai pensé qu'ajouter de la vanille à un plat si savoureux semblait quelque peu bizarre ; mais j'ai trouvé la combinaison irrésistible. La vanille ajoute à cette recette un arôme agréable, mais pas trop sucré. C'est un plat parfait pour l'automne.

4 portions comme plat principal ou 8 portions comme plat d'accompagnement

1 l (4 tasses) de bouillon de légumes
1 grosse gousse de vanille
750 ml (3 tasses) de courge musquée, coupée en carrés de 2,5 cm (1 po), environ 340 g (12 oz)
45 ml (3 c. à soupe) de beurre non salé
190 ml (¾ tasse) d'oignon finement haché (de 1 oignon)
375 ml (1½ tasse) de riz arborio ou de riz blanc à grain moyen
125 ml (½ tasse) de vin blanc sec
125 ml (½ tasse) de fromage parmesan râpé
2,5 ml (½ c. à thé) de sel
30 ml (2 c. à soupe) de ciboulette fraîche, finement hachée

Dans une casserole moyenne, faire chauffer le bouillon de légumes à feu moyen-vif. Couper la gousse de vanille en 2 dans le sens de la longueur. Gratter les graines et les ajouter au bouillon avec la gousse elle-même. Lorsque le bouillon commence à frémir, réduire la chaleur à feu doux. Y ajouter la courge musquée, et cuire jusqu'à ce qu'elle soit tendre, environ 5 minutes. À l'aide d'une cuillère à égoutter, transférer la courge cuite dans un plat. Réduire la chaleur à feu très doux pour le bouillon, et couvrir pour le garder chaud.

Pendant ce temps, dans une grande poêle à fond épais, faire fondre 30 ml (2 c. à soupe) de beurre à feu moyen. Ajouter l'oignon, et le faire sauter jusqu'à ce qu'il soit tendre mais pas doré, environ 3 minutes. Ajouter le riz et remuer pour l'enrober de beurre. Verser le vin, et laisser mijoter jusqu'à ce qu'il soit presque complètement évaporé, environ 3 minutes. Verser 125 ml (½ tasse) du bouillon chaud, et brasser jusqu'à ce qu'il soit presque complètement absorbé, environ 2 minutes. Continuer la cuisson du riz en ajoutant 125 ml (½ tasse) de bouillon à la fois ; brasser constamment en laissant le temps au riz de l'absorber avant d'en ajouter d'autre. Cuire jusqu'à ce que le riz soit tendre mais encore ferme, et que le mélange soit crémeux, environ 20 minutes au total. Jeter la gousse de vanille.

Fermer le feu du risotto (et du bouillon qui reste, s'il y en a). Ajouter délicatement la courge musquée, le parmesan, les 15 ml (1 c. à soupe) restants du beurre et le sel. Transférer le risotto dans un plat à service, et saupoudrer de ciboulette. Servir immédiatement

Linguines aux crevettes et à l'huile de citron

Cette variation de ma salade préférée de roquette et de crevettes — servie sur des pâtes — est aussi bonne qu'elle en a l'air. Si vous gardez vos crevettes surgelées, ce que je recommande toujours, c'est un repas rapide à préparer pour les derniers jours de l'hiver ou le début du printemps, quand chacun veut recommencer à manger plus légèrement.

4 à 6 portions

Huile de citron
- 125 ml (½ tasse) d'huile d'olive extra vierge
- Zeste de 1 citron

Pâtes
- 450 g (1 lb) de linguines
- 30 ml (2 c. à soupe) d'huile d'olive
- 2 échalotes, coupées en dés
- 2 gousses d'ail, hachées
- 450 g (1 lb) de crevettes fraîches ou décongelées, décortiquées et déveinées
- Zeste de 1 citron
- 60 ml (¼ tasse) de jus de citron fraîchement pressé (environ 2 citrons)
- 5 ml (1 c. à thé) de sel
- 2,5 ml (½ c. à thé) de poivre noir fraîchement moulu
- 90 ml (3 oz) de roquette (environ 750 ml [3 tasses])
- 60 ml (¼ tasse) de feuilles de persil plat frais, hachées

Pour faire l'huile de citron, combiner l'huile d'olive et le zeste de citron dans un petit bol, et réserver.

Pour les pâtes, porter à ébullition de l'eau salée dans une grande casserole, à feu vif. Ajouter les pâtes, et cuire jusqu'à ce qu'elles soient tendres mais fermes sous la dent, en brassant de temps à autre, de 8 à 10 minutes. Égoutter, et réserver 250 ml (1 tasse) de l'eau de cuisson.

Pendant ce temps, dans une grande poêle à fond épais, faire chauffer l'huile d'olive à feu moyen. Ajouter les échalotes et l'ail, et cuire pendant 2 minutes. Ajouter les crevettes, et cuire jusqu'à ce qu'elles soient roses, environ 5 minutes. Ajouter les linguines cuites, le zeste et le jus de citron, le sel et le poivre. Brasser pour mélanger. Fermer le feu et ajouter la roquette. À l'aide d'un tamis, filtrer l'huile de citron sur les pâtes ; jeter le zeste. Ajouter le persil haché aux pâtes, et brasser pour mélanger. Servir immédiatement.

Rigatonis à la courge et aux crevettes

Cette recette provient d'un petit café sur la plage de Capri. À cause de leur abondance, les crevettes sont très populaires en Europe, mais ici elles sont plus difficiles à trouver et elles sont plus chères. Vous pouvez toujours utiliser de plus grosses crevettes. Vous aurez toujours un repas satisfaisant et consistant. La courge donne la sauce la plus riche et veloutée que vous pouvez imaginer en plus de donner une belle couleur orange à ce plat.

4 à 6 portions

- 90 ml (6 c. à soupe) d'huile d'olive
- 450 g (1 lb) de courge musquée, pelée et coupée en dés de 2,5 cm (1 po)
- 2 gousses d'ail, émincées
- 10 ml (2 c. à thé) de sel
- 3,5 ml (¾ c. à thé) de poivre noir fraîchement moulu
- 250 ml (1 tasse) de jus de légumes
- 450 g (1 lb) de rigatonis
- 450 g (1 lb) de crevettes, décortiquées et déveinées
- 190 à 250 ml (¾ à 1 tasse) de lait entier
- 125 ml (½ tasse) de feuilles de basilic frais, hachées
- 60 ml (¼ tasse) de parmesan fraîchement râpé

Faire chauffer 45 ml (3 c. à soupe) d'huile d'olive à feu moyen-vif dans une grande poêle à fond épais. Ajouter la courge musquée, l'ail, 5 ml (1 c. à thé) du sel et 1,25 ml (¼ c. à thé) du poivre. Faire sauter jusqu'à ce que la courge soit dorée et tendre, de 5 à 7 minutes. Ajouter le bouillon de légumes et porter à ébullition ; couvrir, et cuire jusqu'à ce que la courge soit très tendre, de 5 à 7 minutes.

Transférer le mélange de courge dans un mélangeur ou un robot culinaire, et réduire en purée.

Porter à ébullition à feu vif de l'eau salée dans une grande casserole. Ajouter les pâtes, et cuire jusqu'à ce qu'elles soient tendres mais fermes sous la dent, en brassant de temps à autre, de 8 à 10 minutes. Égoutter.

Pendant ce temps, faire chauffer les 45 ml (3 c. à soupe) restants de l'huile d'olive à feu moyen-vif dans une grande poêle à fond épais. Saupoudrer les crevettes avec les 5 ml (1 c. à thé) restants du sel et les 2,5 ml (½ c. à thé) restants du poivre. Mettre les crevettes dans la poêle, et cuire en les retournant 1 fois, jusqu'à ce qu'elles soient roses, environ 3 minutes.

Dans une grande casserole, à feu très doux, combiner les pâtes cuites, le mélange de courge et 190 ml (¾ tasse) de lait. Remuer pour mélanger. Ajouter les 60 ml (¼ tasse) restants du lait si la sauce est trop épaisse. Ajouter les crevettes cuites, le basilic et le fromage. Brasser jusqu'à ce que le tout soit chaud, et servir.

Pennes avec purée d'aubergine

Faire griller les légumes d'automne fait ressortir leur saveur, et c'est une façon très facile de les faire cuire : vous n'avez qu'à les couper en cubes, et le four fera le reste. En purée, ils se transforment en une sauce chaude et veloutée qui adhère bien aux pâtes tubulaires ; à chaque bouchée, les saveurs éclatent dans votre bouche.

4 à 6 portions

- 1 aubergine moyenne, non pelée, et coupée en dés de 2,5 cm (1 po)
- 1 l (4 tasses) de tomates cerises
- 3 gousses d'ail entières
- 45 ml (3 c. à soupe) d'huile d'olive
- 5 ml (1 c. à thé) de sel
- 5 ml (1 c. à thé) de poivre noir fraîchement moulu
- 5 ml (1 c. à thé) de flocons de piment rouge
- 60 ml (¼ tasse) de pignons
- 450 g (1 lb) de pennes
- 60 ml (¼ tasse) de feuilles de menthe fraîche, hachées
- 45 ml (3 c. à soupe) d'huile d'olive extra vierge
- 125 ml (½ tasse) de parmesan fraîchement râpé

Préchauffer le four à 200 °C (400 °F). Tapisser une plaque à pâtisserie avec du papier parchemin.

Dans un grand bol, combiner l'aubergine, les tomates cerises, l'ail, l'huile d'olive, le sel, le poivre et les flocons de piment rouge. Étendre les légumes sur la plaque de cuisson en une seule couche uniforme. Faire griller au four jusqu'à ce que les légumes soient tendres et que l'aubergine soit dorée, environ 35 minutes.

Pendant que les légumes grillent, placer les pignons dans un petit plat à cuisson. Placer au four, sur la grille en dessous des légumes. Griller jusqu'à ce qu'ils soient dorés, environ 8 minutes, en brassant 1 fois. Retirer du four et transférer dans un bol pour qu'ils refroidissent.

Pendant ce temps, porter à ébullition à feu vif de l'eau salée dans une grande casserole. Ajouter les pâtes, et cuire jusqu'à ce qu'elles soient tendres mais fermes sous la dent, en brassant de temps à autre, de 8 à 10 minutes. Égoutter, et réserver 375 ml (1½ tasse) d'eau de cuisson, et transférer les pâtes dans un grand bol.

Mettre les légumes grillés dans un robot culinaire. Ajouter les feuilles de menthe hachées et l'huile d'olive extra vierge. Réduire les légumes en purée, par impulsions, mais pas trop lisse ; vous devriez voir des petits morceaux de légumes.

Transférer la purée de légumes dans le plat des pâtes. Ajouter le fromage parmesan. Remuer pour mélanger, en ajoutant l'eau de cuisson, 125 ml (½ tasse) à la fois, jusqu'à ce que les pâtes soient bien enrobées de sauce. Parsemer les pignons sur le dessus des pâtes, et servir.

Rigatonis avec légumes à la bolognaise

J'ai préparé cette recette plusieurs fois. Même si ce plat est complètement végétarien, son goût est très corsé et complexe, avec un accent vineux et une saveur relevée que même les amateurs de viande aimeront. Je cuisine souvent ce plat pour un groupe sans savoir le nombre de végétariens qu'il peut y avoir parmi eux.

6 à 8 portions

- 30 g (1 oz) de bolets séchés
- 375 ml (1½ tasse) d'eau très chaude
- 3 carottes, pelées et hachées
- 1 oignon, pelé et haché
- 1 poivron rouge, étrogné, épépiné et haché
- 2 gousses d'ail
- 60 ml (¼ tasse) d'huile d'olive
- 10 ml (2 c. à thé) de feuilles de thym frais, hachées
- 5 ml (1 c. à thé) de feuilles d'origan frais, hachées
- 10 ml (2 c. à thé) de sel
- 5 ml (1 c. à thé) de poivre noir fraîchement moulu
- 140 g (5 oz) de champignons assortis (comme les shiitakes, les champignons de Paris et les champignons café), les tiges enlevées, hachés
- 30 ml (2 c. à soupe) de pâte de tomates
- 125 ml (½ tasse) de vin rouge
- 125 ml (½ tasse) de fromage mascarpone
- 450 g (1 lb) de rigatonis
- 60 ml (¼ tasse) de fromage parmesan fraîchement râpé

Placer les bolets séchés dans un petit bol et les couvrir avec l'eau chaude. Mettre de côté et laisser les champignons ramollir.

Mettre les carottes, l'oignon, le poivron et l'ail dans un robot culinaire. Hacher les légumes finement, mais on doit voir encore des morceaux. Faire chauffer l'huile d'olive dans une grande poêle à fond épais. Ajouter les légumes hachés, le thym, l'origan, le sel et le poivre, et cuire à feu moyen jusqu'à ce que ce soit tendre, environ 6 minutes.

Égoutter les bolets et réserver l'eau de trempage. Ajouter les bolets, les champignons frais et la pâte de tomates, et continuer la cuisson, en brassant pour que la pâte de tomate se dissolve, jusqu'à ce que les champignons aient ramolli, environ 5 minutes. Verser le liquide de trempage des bolets et le vin rouge. Porter à ébullition, réduire la chaleur à feu doux, et laisser mijoter jusqu'à ce que le liquide ait réduit de moitié, environ 10 minutes. Ajouter le fromage mascarpone et remuer jusqu'à ce qu'il soit bien incorporé.

Pendant ce temps, porter à ébullition à feu vif de l'eau salée dans une grande casserole. Ajouter les pâtes, et cuire jusqu'à ce qu'elles soient tendres mais fermes sous la dent, en brassant de temps à autre, de 8 à 10 minutes. Égoutter et réserver 125 ml (½ tasse) de l'eau de cuisson, puis l'ajouter au mélange de légumes. Ajouter de l'eau de cuisson des pâtes pour l'éclaircir, si nécessaire. Mélanger avec le parmesan, et servir.

Poivrons farcis à l'orzo

J'aime préparer des poivrons farcis parce qu'ils font une belle présentation ; lorsque vous les coupez, la délicieuse farce se répand, et c'est comme si vous receviez un cadeau. Ma mère a aussi un faible pour les poivrons farcis, qu'elle remplit de légumes, de viande et de pâtes — presque de n'importe quoi.

4 à 6 portions

- 760 g (28 oz) de tomates italiennes entières
- 2 courgettes moyennes, râpées
- 125 ml (½ tasse) de feuilles de menthe fraîche, hachées
- 125 ml (½ tasse) de fromage pecorino romano fraîchement râpé, plus pour saupoudrer
- 60 ml (¼ tasse) d'huile d'olive extra vierge
- 3 gousses d'ail, émincées
- 5 ml (1 c. à thé) de sel
- 5 ml (1 c. à thé) de poivre noir fraîchement moulu
- 1 l (4 tasses) de bouillon de poulet à faible teneur en sodium
- 375 ml (1½ tasse) d'orzo (pâtes en forme de riz)
- 6 poivrons (rouges ou jaunes)
- 60 ml (¼ tasse) de basilic frais, haché, pour garnir

Préchauffer le four à 200 °C (400 °F).

Verser les tomates et leur jus dans un grand bol, et, à l'aide de ciseaux de cuisine ou de vos doigts, réduire en petits morceaux. Ajouter les courgettes, la menthe, le fromage, l'huile d'olive, l'ail, le sel et le poivre. Remuer pour mélanger.

Pendant ce temps, dans une poêle moyenne à feu vif, porter à ébullition le bouillon de poulet. Ajouter l'orzo et cuire pendant 4 minutes. L'orzo sera cuit seulement en partie. L'égoutter à l'aide d'un tamis, réserver le bouillon de poulet et ajouter l'orzo aux légumes. Brasser pour mélanger. Transférer le bouillon de poulet chaud dans un plat de 3 l (12 tasses) allant au four.

Couper le dessus des poivrons, étrogner et épépiner. Enlever une mince tranche du dessous des poivrons pour qu'ils puissent tenir droit.

À l'aide d'une cuillère, mettre le mélange d'orzo dans les poivrons. Les placer dans le plat allant au four avec le bouillon de poulet chaud. Couvrir le plat avec une feuille de papier d'aluminium, et laisser cuire pendant 45 minutes. Enlever le papier d'aluminium, et saupoudrer chaque poivron de fromage, puis continuer la cuisson jusqu'à ce que le fromage soit doré, environ 15 minutes. Sortir du four et transférer délicatement les poivrons farcis dans les assiettes de service. Garnir avec du basilic, si désiré.

Viande, volaille et poisson

RAGOÛT DE BŒUF ET DE COURGE MUSQUÉE
BIFTECK DE FAUX-FILET AVEC VINAIGRETTE AUX OLIVES NOIRES
RÔTI DE BŒUF AVEC SAUCE AUX TOMATES ÉPICÉE ET PERSILLÉE
HAMBURGER D'AGNEAU ET DE PROSCIUTTO
RAGOÛT D'AGNEAU À LA MENTHE
OSSO BUCO À LA DINDE
POULET AUX FINES HERBES AVEC LÉGUMES PRINTANIERS
POULET À LA SAUCE BALSAMIQUE BARBECUE
ESCALOPES DE POULET AVEC SAUCE CRÉMEUSE AU SAFRAN
SALTIMBOCCA DE CÔTELETTES DE VEAU
CÔTELETTES DE PORC AVEC SAUCE AUX CÂPRES ET AU FENOUIL
CÔTELETTES DE PORC À LA MARMELADE D'OIGNONS
LONGE DE PORC RÔTIE AVEC VINAIGRETTE À L'AIL RÔTI
ESPADON POCHÉ DANS L'HUILE D'OLIVE AVEC PESTO AU RAPINI
CREVETTES GRILLÉES AVEC BOUILLON D'ARTICHAUTS ET DE TOMATES
SAUMON AVEC PÂTE FEUILLETÉE ET PESTO
FLÉTAN GRILLÉ AVEC SALSA DE PAMPLEMOUSSE ET DE FENOUIL
SAUMON AVEC BRODETTO AU CITRON ET PURÉE DE POIS

VIANDE,
VOLAILLE ET POISSON

Pour la plupart des gens, un repas n'est pas un repas s'il ne contient pas de poisson, de volaille ou de viande. Ce qui est important pour notre diète, c'est qu'il faut manger une variété d'aliments, dont des protéines et tous les autres types. Ma solution est de manger à chaque repas de petites portions de chaque type d'aliment ; j'ai ainsi l'impression de ne manquer de rien — ou je n'aurai pas de problème de poids.

Comme la plupart des gens, j'inclus le poulet, la dinde et le poisson comme aliments de base, mais on me demande souvent comment modifier simplement ces recettes durant la semaine pour rendre les repas plus excitants, sans ajouter au stress du jour. Vous trouverez dans ce livre quantité de choix intéressants, du simple Osso buco à la dinde parfumé aux fines herbes et au vin, au plat divin qu'est l'Escalope de poulet avec sauce crémeuse au safran. Les recettes de poulet et de crevettes ont également été révisées, et j'y ai ajouté beaucoup de légumes et de saveurs, comme la salsa de pamplemousse et de fenouil pour le flétan grillé. Et ne pensez surtout pas que j'ai oublié les amateurs de viande. Le Ragoût de bœuf et de courge musquée, et le Ragoût d'agneau à la menthe vous inciteront à vous blottir sur un canapé avec un verre de vin pour un repas intime.

Ragoût de bœuf et de courge musquée

Je suis réellement amoureuse de la courge musquée ces jours-ci, et j'ai trouvé plusieurs nouvelles façons de l'utiliser. Ici, elle égaye un ragoût de bœuf qui aurait pu être terne, en transformant une vieille recette traditionnelle en un plat inattendu et élégant.

4 à 6 portions

- 45 ml (3 c. à soupe) d'huile d'olive
- 1 oignon, haché
- 2 gousses d'ail, hachées
- 15 ml (1 c. à soupe) de feuilles de romarin frais, émincées
- 15 ml (1 c. à soupe) de feuilles de thym frais, hachées
- 2,5 ml (½ c. à thé) de sel, plus au goût
- 2,5 ml (½ c. à thé) de poivre noir fraîchement moulu, plus au goût
- 30 ml (2 c. à soupe) de farine tout usage
- 900 g (2 lb) de bœuf à ragoût, coupé en cubes de 5 cm (2 po)
- 250 ml (1 tasse) de Marsala
- 450 g (1 lb) de courge musquée, pelée et coupé en cubes de 5 cm (2 po)
- 60 ml (¼ tasse) de tomates séchées au soleil, hachées
- 750 ml à 1 l (3 à 4 tasses) de bouillon de bœuf
- 30 ml (2 c. à soupe) de feuilles de persil plat frais, hachées
- Pain croûté, pour servir

Dans une grande casserole, faire chauffer l'huile d'olive à feu moyen. Ajouter l'oignon, l'ail, le romarin et le thym, et faire sauter jusqu'à ce que l'oignon soit tendre, environ 4 minutes. Dans un bol moyen, combiner le sel, le poivre et la farine. Ajouter les cubes de bœuf et remuer pour les enrober de farine. Augmenter la chaleur de la casserole à feu moyen-vif et ajouter le bœuf. Cuire jusqu'à ce que les bords de cubes de bœuf aient bruni, environ 5 minutes. Ajouter le Marsala, et utiliser une cuillère de bois pour gratter les particules qui ont adhéré au fond du plat de cuisson. Ajouter la courge musquée et les tomates séchées au soleil, et brasser pour mélanger. Ajouter assez de bouillon de bœuf pour couvrir la viande et la courge. Amener le ragoût à ébullition à feu vif, puis réduire à feu doux ; couvrir, et laisser mijoter pendant 1 heure. Assaisonner le ragoût avec du sel et du poivre, au goût. Saupoudrer avec le persil haché. Servir accompagné d'un pain croûté.

Bifteck de faux-filet avec vinaigrette aux olives noires

Comme plusieurs hommes, mon mari pense que recevoir se résume à faire griller des steaks ; c'est pourquoi je suis toujours en train de chercher des façons différentes de les diversifier et de les égayer. Cette vinaigrette au goût prononcé fait l'affaire et est à la hauteur de la saveur soutenue du bœuf. Cuisinez-la à l'avance, mettez les biftecks sur le barbecue, et voilà ; votre diner est prêt. Si un de vos amis est végétarien, vous pouvez lui servir cette vinaigrette polyvalente sur de bonnes pâtes chaudes.

4 portions

- 2 biftecks de faux-filet de 3,5 cm (1½ po) d'épaisseur, désossés
- 15 ml (1 c. à soupe) d'huile d'olive
- 15 ml (1 c. à soupe) d'herbes de Provence
- 5 ml (1 c. à thé) de sel
- 5 ml (1 c. à thé) de poivre noir fraîchement moulu

Vinaigrette

- 125 ml (½ tasse) d'olives noires dénoyautées
- 45 ml (3 c. à soupe) de vinaigre de vin rouge
- 10 ml (2 c. à thé) de moutarde de Dijon
- 1 gousse d'ail
- 2,5 ml (½ c. à thé) de sel
- 2,5 ml (½ c. à thé) de poivre noir fraîchement moulu
- 90 ml (6 c. à soupe) d'huile d'olive extra vierge
- 90 ml (6 c. à soupe) d'huile végétale
- 30 ml (2 c. à soupe) de feuilles de persil plat frais, hachées

Préchauffer le barbecue ou mettre une poêle à rainures sur un feu moyen-vif. Huiler le bœuf avec l'huile d'olive, et le saupoudrer d'herbes de Provence, de sel et de poivre. Faire griller de 6 à 8 minutes de chaque côté, ou jusqu'à ce que la viande soit mi-saignante. Transférer sur une planche à découper, couvrir de papier d'aluminium pour garder au chaud et laisser reposer avant de trancher.

Pour préparer la vinaigrette aux olives noires, combiner les olives, le vinaigre de vin rouge, la moutarde, l'ail, le sel et le poivre dans un robot culinaire, et donner quelques impulsions, jusqu'à ce que le tout soit mélangé. Dans un petit pichet, combiner les huiles. Verser dans le robot alors qu'il est en marche. Verser la vinaigrette dans un plat de service. Incorporer le persil.

Pour servir, couper les faux-filets en tranches de 2,5 cm (1 po) d'épaisseur, et servir avec la vinaigrette.

Rôti de bœuf avec sauce aux tomates épicée et persillée

Les tomates cuites avec le bœuf confèrent à ce plat un goût légèrement acide qui s'équilibre avec la riche onctuosité de la viande. Les tomates ramollies sont mises dans le robot culinaire avec le vinaigre et le persil, et le résultat en est une sauce plus légère et plus acidulée que la traditionnelle sauce brune. Servez ce plat sur des nouilles aux œufs auxquelles vous aurez ajouté des noisettes de beurre.

4 à 6 portions

1 pointe de surlonge ou rôti de palette de 900 g à 1,1 kg (2 à 2½ lb)
Sel casher, et poivre noir fraîchement moulu
4 tomates Roma, coupées en 2 dans le sens de la longueur
30 ml (2 c. à soupe) d'herbes de Provence
45 ml (3 c. à soupe) d'huile d'olive
375 ml (1½ tasse) de feuilles persil plat frais
2 gousses d'ail
2,5 ml (½ c. à thé) de flocons de piment rouge
30 ml (2 c. à soupe) de vinaigre de vin rouge
125 ml (½ tasse) d'huile d'olive extra vierge

Préchauffer le four à 190 °C (375 °F).

Assaisonner le bœuf avec du sel et du poivre. Assaisonner les tomates avec le sel, le poivre et les herbes de Provence.

Faire chauffer l'huile d'olive à feu vif dans une poêle moyenne à fond épais ou un faitout. Saisir la viande de tous les côtés jusqu'à ce qu'elle soit brunie. Déposer les tomates autour de la viande, et mettre le faitout au four. Faire rôtir jusqu'à ce que le thermomètre inséré dans la viande indique 55 °C (130 °F) pour avoir une viande mi-saignante, et 57 °C (135 °F) pour une viande à point, de 30 à 40 minutes. Recouvrir avec du papier d'aluminium posé lâchement sur la viande, et laisser reposer de 10 à 15 minutes. Le thermomètre devrait indiquer 5 degrés de plus, et les jus devraient se répartir dans le rôti.

Pendant que la viande repose, mettre le persil et l'ail dans le robot culinaire, et mélanger jusqu'à ce que le persil soit finement haché. Ajouter les flocons de piment rouge, 3,5 ml (¾ c. à thé) de sel, le vinaigre de vin rouge et les tomates grillées, et mélanger jusqu'à ce que le tout soit réduit en purée. Pendant que le robot est en marche, verser l'huile d'olive en un filet continu.

Pour servir, trancher le rôti et disposer les tranches sur une assiette de service. Arroser la viande avec un peu de sauce. Servir le reste de la sauce dans une saucière à côté.

Hamburger d'agneau et de prosciutto

Si vous avez renoncé aux hamburgers parce que vous ne vouliez plus manger les pains, voici une solution. Ces boulettes bien assaisonnées sont enveloppées de prosciutto, ce qui les rend très juteuses. Combinez le mélange de viande avec vos mains ; de cette façon, vous ne serez pas porté à trop mélanger.

4 à 6 portions

- 125 ml (½ tasse) de chapelure
- 60 ml (¼ tasse) de feuilles de persil plat frais, hachées
- 1 gros œuf, légèrement battu
- 30 ml (2 c. à soupe) de lait entier
- 125 ml (½ tasse) de fromage pecorino romano fraîchement râpé
- 60 ml (¼ tasse) de tomates séchées au soleil, hachées
- 3,5 ml (¾ c. à thé) de sel
- 3,5 ml (¾ c. à thé) de poivre noir fraîchement moulu
- 450 g (1 lb) d'agneau haché
- 6 grandes tranches de prosciutto, tranchées assez finement
- 60 ml (¼ tasse) d'huile d'olive
- Feuilles de basilic frais, pour garnir chaque hamburger
- Tranches de tomates fraîches, pour garnir chaque hamburger
- Huile d'olive extra vierge, pour garnir
- Vinaigre balsamique, pour garnir

Dans un grand bol, combiner la chapelure, le persil, l'œuf, le lait, le fromage, les tomates séchées au soleil, le sel et le poivre. Remuer pour mélanger. Ajouter l'agneau et travailler avec vos doigts jusqu'à ce que tout soit incorporé. Diviser le mélange en 6 portions, et former chaque portion en une boulette de 2,5 cm (1 po) d'épaisseur. Placer les tranches de prosciutto sur une planche à découper ou une feuille de papier parchemin. Déposer 1 boulette d'agneau au centre de chaque tranche de prosciutto, et envelopper la boulette avec le prosciutto.

Placer une grande poêle à fond épais sur un feu moyen. Verser l'huile d'olive et faire chauffer 2 minutes. Déposer les hamburgers d'agneau dans la poêle, le côté couvert de prosciutto en bas, et cuire à feu moyen, jusqu'à ce que le prosciutto soit bruni, de 6 à 8 minutes. Retourner les hamburgers et continuer la cuisson de 6 à 8 minutes.

Enlever les hamburgers de la poêle et les placer sur une assiette de service ou dans des assiettes individuelles. Garnir chaque hamburger avec 2 ou 3 feuilles de basilic, 1 ou 2 tranches de tomates, puis verser un filet d'huile d'olive extra vierge et de vinaigre balsamique. Servir immédiatement.

Ragoût d'agneau à la menthe

On peut se procurer de l'agneau haché un peu partout maintenant, et c'est une agréable façon de changer, de temps à autre, du ragoût de bœuf. Ce ragoût est assez épais pour être servi dans des bols peu profonds sur du riz ou tout simplement avec du bon pain, mais vous pouvez aussi augmenter la quantité de sauce marinara à 1 l (4 tasses) et le servir sur des pâtes.

4 à 6 portions

- 30 ml (2 c. à soupe) d'huile d'olive
- 2 échalotes, hachées
- 1 gousse d'ail, émincée
- 675 g (1½ lb) d'agneau haché
- 2,5 ml (½ c. à thé) de sel
- 1,25 ml (¼ c. à thé) de poivre noir fraîchement moulu
- 250 ml (1 tasse) de vin rouge
- 500 ml (2 tasses) de Sauce marinara faite maison (voir la recette qui suit), ou du commerce
- 125 ml (½ tasse) de feuilles de menthe fraîche, hachée
- 125 ml (½ tasse) de fromage ricotta

Faire chauffer l'huile d'olive à feu vif dans une grande poêle. Ajouter les échalotes et l'ail, et cuire jusqu'à ce qu'ils soient tendres, environ 3 minutes. Ajouter l'agneau haché, le sel et le poivre. Cuire en brassant et en défaisant les morceaux de viande à l'aide d'une cuillère de bois, jusqu'à ce que l'agneau ait bruni et que les jus se soient évaporés.

Verser le vin et gratter le fond de la poêle pour en enlever les particules qui y auraient adhéré. Laisser mijoter jusqu'à ce que le vin ait diminué de moitié. Ajouter la sauce marinara et laisser mijoter à feu doux, jusqu'à ce que les saveurs se soient mélangées, environ 10 minutes.

Ajouter la menthe et la ricotta, et remuer pour mélanger. Servir dans des bols peu profonds.

Sauce marinara

Donne environ 2 l (8 tasses)

- 125 ml (½ tasse) d'huile d'olive extra vierge
- 2 petits oignons, finement hachés
- 2 gousses d'ail, finement hachées
- 2 branches de céleri, finement hachées
- 2 carottes, pelées et finement hachées
- 2,5 ml (½ c. à thé) de sel
- 2,5 ml (½ c. à thé) de poivre noir fraîchement moulu
- 2 conserves de 900 g (32 oz) de tomates broyées
- 2 feuilles de laurier séchées

Dans une grande casserole, chauffer l'huile d'olive à feu moyen-vif. Ajouter les oignons et l'ail, et faire sauter jusqu'à ce que les oignons soient transparents, environ 10 minutes. Ajouter le céleri, les carottes, le sel et le poivre. Faire sauter jusqu'à ce que les légumes soient tendres, environ 10 minutes. Ajouter les tomates et les feuilles de laurier, et laisser mijoter à découvert à feu doux jusqu'à ce que la sauce épaississe, environ 1 heure. Enlever les feuilles de laurier et les jeter. Assaisonner la sauce avec plus de sel et de poivre, au goût.

Osso buco à la dinde

C'est un osso buco que tout le monde aimera. Vous pouvez le considérer comme un repas de l'Action de grâce non traditionnel ; vous aurez de la viande blanche et de la viande brune sans pour autant avoir à faire cuire une dinde entière. La gremolata, utilisée pour stimuler le goût de ce plat cuit longtemps, y ajoute une touche très italienne qui fait une grande différence dans la recette.

6 à 8 portions

- 1 demi-poitrine de dinde, coupée en 4 morceaux
- 2 cuisses de dinde
- Sel, et poivre noir fraîchement moulu
- 80 ml (⅓ tasse) de farine tout usage, pour enfariner
- 125 ml (½ tasse) d'huile végétale
- 1 petit oignon, coupé en petits dés
- 1 carotte, pelée et coupée en petits dés
- 1 branche de céleri, coupée en petits dés
- 15 ml (1 c. à soupe) de pâte de tomates
- 250 ml (1 tasse) de vin blanc sec
- 1 l (4 tasses) de bouillon de poulet à faible teneur en sodium
- 1 gros brins de romarin frais
- 2 gros brins de thym frais
- 2 feuilles de laurier
- 2 clous de girofle entiers

Gremolata

- 60 ml (¼ tasse) de persil plat frais, haché
- Zeste de 1 citron
- 2 gousses d'ail, émincées
- 5 ml (1 c. à thé) de romarin frais, émincé
- 1 pincée de sel
- 1 pincée de poivre noir fraîchement moulu

Préchauffer le four à 190 °C (375 °F). Éponger les morceaux de dinde avec un essuie-tout pour qu'ils puissent brunir uniformément. Assaisonner avec le sel et le poivre, puis rouler les morceaux dans la farine ; les secouer pour en enlever l'excès.

Dans une rôtissoire à fond épais, assez grande pour contenir tous les morceaux de dinde en une seule couche, chauffer l'huile d'olive à feu moyen. Ajouter la dinde et cuire jusqu'à ce que les morceaux soient dorés, environ 6 minutes de chaque côté. Transférer dans une assiette et réserver.

Dans la même rôtissoire, ajouter l'oignon, la carotte et le céleri. Assaisonner les légumes avec du sel, et cuire jusqu'à ce qu'ils soient tendres, environ 6 minutes. Ajouter la pâte de tomate en brassant, et cuire pendant 1 minute. Verser le vin en brassant, et laisser mijoter jusqu'à ce que le liquide ait réduit de moitié, environ 3 minutes. Remettre la dinde dans la rôtissoire. Ajouter du bouillon de poulet pour couvrir les morceaux de dinde aux ⅔. Ajouter les herbes, les feuilles de laurier et le clou de girofle. Porter à ébullition, puis couvrir la rôtissoire hermétiquement avec du papier d'aluminium, et mettre au four. Braiser jusqu'à ce que la dinde soit assez tendre pour que l'on puisse la défaire à la fourchette, environ 1 h 45, en tournant les morceaux après 1 heure.

Lorsque la dinde est presque cuite, combiner les ingrédients de la gremolata dans un bol. Trancher la dinde et la disposer dans les bols de service peu profonds. Assaisonner la sauce au goût avec le sel et le poivre, et verser à l'aide d'une louche sur chaque portion. Garnir chaque portion avec une bonne pincée de gremolata.

Osso buco à la dinde

C'est un osso buco que tout le monde aimera. Vous pouvez le considérer comme un repas de l'Action de grâce non traditionnel ; vous aurez de la viande blanche et de la viande brune sans pour autant avoir à faire cuire une dinde entière. La gremolata, utilisée pour stimuler le goût de ce plat cuit longtemps, y ajoute une touche très italienne qui fait une grande différence dans la recette.

6 à 8 portions

- 1 demi-poitrine de dinde, coupée en 4 morceaux
- 2 cuisses de dinde
- Sel, et poivre noir fraîchement moulu
- 80 ml (⅓ tasse) de farine tout usage, pour enfariner
- 125 ml (½ tasse) d'huile végétale
- 1 petit oignon, coupé en petits dés
- 1 carotte, pelée et coupée en petits dés
- 1 branche de céleri, coupée en petits dés
- 15 ml (1 c. à soupe) de pâte de tomates
- 250 ml (1 tasse) de vin blanc sec
- 1 l (4 tasses) de bouillon de poulet à faible teneur en sodium
- 1 gros brins de romarin frais
- 2 gros brins de thym frais
- 2 feuilles de laurier
- 2 clous de girofle entiers

Gremolata

- 60 ml (¼ tasse) de persil plat frais, haché
- Zeste de 1 citron
- 2 gousses d'ail, émincées
- 5 ml (1 c. à thé) de romarin frais, émincé
- 1 pincée de sel
- 1 pincée de poivre noir fraîchement moulu

Préchauffer le four à 190 °C (375 °F). Éponger les morceaux de dinde avec un essuie-tout pour qu'ils puissent brunir uniformément. Assaisonner avec le sel et le poivre, puis rouler les morceaux dans la farine ; les secouer pour en enlever l'excès.

Dans une rôtissoire à fond épais, assez grande pour contenir tous les morceaux de dinde en une seule couche, chauffer l'huile d'olive à feu moyen. Ajouter la dinde et cuire jusqu'à ce que les morceaux soient dorés, environ 6 minutes de chaque côté. Transférer dans une assiette et réserver.

Dans la même rôtissoire, ajouter l'oignon, la carotte et le céleri. Assaisonner les légumes avec du sel, et cuire jusqu'à ce qu'ils soient tendres, environ 6 minutes. Ajouter la pâte de tomate en brassant, et cuire pendant 1 minute. Verser le vin en brassant, et laisser mijoter jusqu'à ce que le liquide ait réduit de moitié, environ 3 minutes. Remettre la dinde dans la rôtissoire. Ajouter du bouillon de poulet pour couvrir les morceaux de dinde aux ⅔. Ajouter les herbes, les feuilles de laurier et le clou de girofle. Porter à ébullition, puis couvrir la rôtissoire hermétiquement avec du papier d'aluminium, et mettre au four. Braiser jusqu'à ce que la dinde soit assez tendre pour que l'on puisse la défaire à la fourchette, environ 1 h 45, en tournant les morceaux après 1 heure.

Lorsque la dinde est presque cuite, combiner les ingrédients de la gremolata dans un bol. Trancher la dinde et la disposer dans les bols de service peu profonds. Assaisonner la sauce au goût avec le sel et le poivre, et verser à l'aide d'une louche sur chaque portion. Garnir chaque portion avec une bonne pincée de gremolata.

Poulet aux fines herbes avec légumes printaniers

Intimidée par le rôtissage et le dépeçage d'un poulet entier ? Ce plat dégage autant d'arôme et est aussi réconfortant, mais il est beaucoup plus facile à servir et à manipuler. Tout cuit dans la même casserole, même la sauce.

4 à 6 portions

- 60 ml (¼ tasse) de feuilles de thym frais, hachées
- 60 ml (¼ tasse) de feuilles de persil plat frais, hachées
- 3 gousses d'ail, émincées
- 5 ml (1 c. à thé) de graines de fenouil
- 1,25 ml (¼ c. à thé) de flocons de piment rouge
- Sel casher
- Poivre noir fraîchement moulu
- 3 demi-poitrines de poulet, désossées, mais avec la peau
- 3 cuisses de poulet
- 45 ml (3 c. à soupe) d'huile d'olive
- 15 ml (1 c. à soupe) de beurre non salé
- 6 oignons cipollinis, épluchés et parés
- 225 g (8 oz) de bébés carottes, pelées et parées, en laissant un peu du bout vert
- 250 ml (1 tasse) de bouillon de poulet à faible teneur en sodium
- 175 g (6 oz) de pois «Sugar snap», parés
- 115 g (4 oz) de morilles

Préchauffer le four à 190 °C (375 °F). Dans un petit bol, combiner le thym, le persil, l'ail, les graines de fenouil, les flocons de piment rouge, et 1 pincée de sel et de poivre. Brasser pour mélanger. Placer les morceaux de poulet sur une surface de travail. Lever délicatement la peau du poulet et y insérer le mélange de fines herbes. Assaisonner le poulet avec du sel et du poivre.

Chauffer l'huile d'olive dans une grande poêle à feu moyen-vif. Lorsque l'huile est chaude, y placer le poulet, la peau en dessous. Cuire jusqu'à ce que la peau soit croustillante et dorée, environ 5 minutes. Tourner le poulet et cuire de la même façon. Fermer le feu, et transférer le poulet dans un plat à cuisson, la peau du poulet sur le dessus. Cuire pendant environ 15 minutes ou jusqu'à ce qu'il soit bien cuit.

Pendant ce temps, remettre sur le feu la même poêle qui a servi à dorer le poulet. Ajouter le beurre et le faire fondre à feu moyen. Ajouter les oignons cipollinis, les carottes assaisonnées de sel et de poivre, et cuire jusqu'à ce qu'ils soient tendres et dorés, environ 7 minutes. Ajouter le bouillon de poulet et, à l'aide d'une cuillère de bois, gratter les particules qui sont restées collées fond de la poêle. Ajouter les pois et les morilles. Faire mijoter à feu doux jusqu'à ce que les légumes soient tendres et que le liquide ait réduit de moitié, environ 5 minutes. Goûter à la sauce, et ajouter du sel et du poivre si nécessaire.

Placer les morceaux de poulet sur une assiette de service, et disposer les légumes autour. Verser la sauce sur le poulet à l'aide d'une cuillère. Servir immédiatement.

Poulet à la sauce balsamique barbecue

Piquante et sucrée sont les meilleurs qualificatifs pour décrire cette sauce barbecue. Faites une double recette pour pouvoir en apporter à votre prochain pique-nique, et vous me remercierez.

4 portions

Sauce barbecue
- 250 ml (1 tasse) de vinaigre balsamique
- 190 ml (¾ tasse) de ketchup
- 80 ml (⅓ tasse) de cassonade
- 1 gousse d'ail, émincée
- 15 ml (1 c. à soupe) de sauce Worcestershire
- 15 ml (1 c. à soupe) de moutarde de Dijon
- 2,5 ml (½ c. à thé) de sel
- 2,5 ml (½ c. à thé) de poivre noir fraîchement moulu

- 1 poulet, coupé en morceaux (2 poitrines, 2 cuisses, 2 pilons et 2 ailes)
- Sel, et poivre noir fraîchement moulu

Combiner tous les ingrédients de la sauce barbecue dans une petite poêle non réactive, et brasser au fouet jusqu'à ce que le mélange soit lisse. Faire mijoter à feu moyen jusqu'à ce qu'il ait réduit de ⅓, de 15 à 20 minutes.

Placer une poêle à rainures sur un feu moyen ou préchauffer le barbecue. Assaisonner les morceaux de poulet avec le sel et le poivre.

Transférer 125 ml (½ tasse) de la sauce dans un petit bol. Faire griller le poulet 10 minutes de chaque côté, en le badigeonnant de sauce pour les 3 dernières minutes. Transférer le poulet dans un plat de service, et laisser reposer pendant 5 minutes. Servir avec le reste de la sauce barbecue dans une saucière.

Note : Si vous préférez ne pas faire griller le poulet, vous pouvez le faire cuire au four. Placer le poulet, la peau sur le dessus, dans un plat allant au four, et cuire pendant 25 minutes à 190 °C (375 °F). Retirer du four et, à l'aide d'une cuillère, verser la sauce barbecue sur le poulet. Remettre au four, et cuire pendant 15 minutes de plus.

Escalopes de poulet avec sauce crémeuse au safran

Qu'est-ce qui cuit plus vite qu'une mince escalope de poulet ? Pas étonnant que ce soit un plat que l'on retrouve souvent les soirs de semaine dans la plupart des cuisines. Avec l'ajout de safran, ce plat devient même assez élégant pour être servi à des invités. Le safran est un ingrédient cher, mais il ajoute une très belle couleur ; si vous le gardez dans un récipient hermétique, vous pourrez le conserver très longtemps.

4 à 6 portions

- 30 ml (2 c. à soupe) d'huile d'olive
- 450 g (1 lb) d'escalopes de poulet minces
- 3,5 ml (¾ c. à thé) de sel, plus pour assaisonner la viande
- 1,25 ml (¼ c. à thé) de poivre noir fraîchement moulu, plus pour assaisonner la viande
- 2 échalotes, tranchées
- 1 gousse d'ail, émincée
- 125 ml (½ tasse) de vin blanc sec
- 375 ml (1½ tasse) de bouillon de poulet à faible teneur en sodium
- 1,25 ml (¼ c. à thé) de fils de safran
- 125 ml (½ tasse) de crème riche en matière grasse
- 45 ml (3 c. à soupe) de feuilles de persil plat frais, hachées (facultatif)

Faire chauffer l'huile d'olive à feu vif dans une grande poêle. Assaisonner les escalopes avec le sel et le poivre. Cuire le poulet jusqu'à ce qu'il soit doré et bien cuit, de 2 à 3 minutes de chaque côté. Transférer dans un plat de service, et couvrir avec du papier d'aluminium pour garder chaud.

Réduire à feu moyen, ajouter les échalotes et l'ail, et cuire jusqu'à ce qu'ils soient tendres, environ 2 minutes. Déglacer la poêle avec le vin blanc, et, à l'aide d'une cuillère de bois, gratter les particules qui ont adhéré au fond. Cuire jusqu'à ce que le vin soit presque entièrement évaporé. Ajouter le bouillon de poulet et les fils de safran, puis porter à ébullition, et cuire pendant 10 minutes ou jusqu'à ce que le bouillon soit réduit de moitié. Ajouter la crème, le sel et le poivre, et remuer pour mélanger.

Faire mijoter pendant 1 minute pour bien mélanger les saveurs. Verser la sauce sur le poulet. Saupoudrer avec le persil, si désiré, et servir immédiatement.

Saltimbocca de côtelettes de veau

Traditionnellement, les saltimboccas sont faites avec des escalopes de veau, au lieu de côtelettes, mais une coupe de viande plus épaisse en fera un plat plus copieux. Lorsque vous faites sauter les côtelettes, le prosciutto forme une bonne croûte salée autour et le citron qui caramélise donne un plat délicieux et savoureux.

4 portions

- 4 côtelettes de veau désossées, d'environ 1,5 cm (⅗ po) d'épaisseur chacune
- 2,5 ml (½ c. à thé) de sel, plus pour assaisonner la viande
- 1,25 ml (¼ c. à thé) de poivre noir fraîchement moulu, plus pour assaisonner la viande
- 4 minces tranches de citron
- 4 feuilles de sauge, plus 5 ml (1 c. à thé) de sauge fraîche finement hachée
- 4 grandes tranches de prosciutto
- 45 ml (3 c. à soupe) d'huile d'olive
- 125 ml (½ tasse) de vin blanc sec
- 125 ml (½ tasse) de bouillon de poulet à faible teneur en sodium
- 1 boîte de 400 g (14,5 oz) de tomates entières, égouttées et coupées
- 125 ml (½ tasse) de crème riche en matière grasse

Placer les côtelettes de veau sur une surface de travail, et assaisonner avec le sel et le poivre. Placer une tranche de citron sur chacune d'elles. Ajouter une feuille de sauge sur le dessus. Déposer une tranche de prosciutto sur chacune d'elles, et presser pour bien faire adhérer.

Faire chauffer l'huile d'olive à feu moyen-vif dans une grande poêle. Placer les côtelettes de veau dans l'huile chaude, la tranche de citron sur le dessus, et cuire pendant 6 minutes. Tourner et cuire jusqu'à ce que le prosciutto commence à caraméliser, 2 à 3 minutes. Enlever de la poêle et recouvrir de papier d'aluminium pour garder chaud.

Dans la poêle, ajouter le vin blanc et déglacer à feu vif, en grattant avec une cuillère de bois les particules qui y ont adhéré. Ajouter le bouillon de poulet et réduire de moitié, environ 5 minutes. Ajouter les tomates, la crème, 2,5 ml (½ c. à thé) de sel et 1,25 ml (¼ c. à thé) de poivre. Brasser pour mélanger, jusqu'à ce que ce soit chaud. Verser la sauce sur chaque côtelette de veau, et garnir avec le reste de la sauge finement hachée. Servir immédiatement.

Viande, volaille et poisson

Côtelettes de porc avec sauce aux câpres et au fenouil

Auparavant, on ne pouvait le trouver qu'au marché ou dans les épiceries spécialisées, mais le fenouil est maintenant offert dans la plupart des supermarchés (selon certaines régions, il peut être appelé anis). Sa légère saveur de réglisse se marie d'une façon spéciale avec le porc et le poulet. Ce plat est léger et sain, et ne contient ni agent épaississant ni crème qui modifient les saveurs.

4 portions

60 ml (¼ tasse) d'huile d'olive
4 côtelettes de porc de 5 cm (2 po) d'épaisseur, désossées (environ 900 g [2 lb])
3,5 ml (¾ c. à thé) de sel, plus pour assaisonner la viande
3,5 ml (¾ c. à thé) de poivre noir fraîchement moulu, plus pour assaisonner la viande
2 petits bulbes de fenouil, les tiges et les frondes enlevées, finement tranchés en diagonale (environ 500 ml [2 tasses])
2 grosses échalotes, finement tranchées
165 ml (⅔ tasse) de feuilles de persil plat frais, hachées
125 ml (½ tasse) de vin blanc sec
770 g (28 oz) de tomates en dés en conserve, avec le jus
Zeste de ½ citron
30 ml (2 c. à soupe) de câpres égouttées

Faire chauffer l'huile d'olive à feu vif dans une grande poêle à fond épais. Assaisonner les côtelettes de porc avec le sel et le poivre, et faire dorer environ 4 minutes de chaque côté. Enlever de la poêle et couvrir lâchement avec du papier d'aluminium, puis réserver.

Dans la même poêle, ajouter le fenouil, les échalotes et 80 ml (⅓ tasse) du persil haché, et cuire à feu moyen jusqu'à ce que le fenouil commence à dorer, environ 5 minutes. Ajouter le vin. À l'aide d'une cuillère de bois, gratter les particules qui ont adhéré au fond de la poêle. Ajouter les tomates, puis retourner les côtelettes dans la poêle, en les disposant sur le fenouil et les tomates de façon à ce qu'elles soient pour la plupart submergées dans le jus. Cuire jusqu'à ce que le fenouil soit tendre et le porc bien cuit, de 12 à 15 minutes.

Transférer les côtelettes dans un plat de service. Pour finir la sauce, ajouter le zeste du citron, les 80 ml (⅓ tasse) restants du persil, les câpres, 3,5 ml (¾ c. à thé) de sel et 3,5 ml (¾ c. à thé) de poivre. Brasser pour mélanger. Verser la sauce sur les côtelettes, et servir immédiatement.

Côtelettes de porc à la marmelade d'oignons

Le porc est très populaire en Italie, mais il est souvent mangé sous forme de saucisse ou de viande salée. Ce n'est que lorsque j'ai commencé à travailler comme chef particulier dans une maison privée que j'ai réalisé à quel point les côtelettes de porc faisaient partie intégrante du menu des Américains. Cette recette est mon apport italien au classique américain de côtelettes de porc avec compote de pommes ; les oignons se transforment en un condiment qui ressemble à la confiture.

4 à 6 portions

Marmelade d'oignons
- 60 ml (¼ tasse) d'huile d'olive
- 4 gros oignons, finement tranchés
- 60 ml (¼ tasse) de marmelade d'oranges
- 15 ml (1 c. à soupe) de romarin frais, haché
- 15 ml (1 c. à soupe) de thym frais, haché
- 5 ml (1 c. à thé) de sel casher
- 5 ml (1 c. à thé) de poivre noir fraîchement moulu
- 30 ml (2 c. à soupe) de vinaigre balsamique
- 15 ml (1 c. à soupe) de sucre (ou plus au goût)

Côtelettes de porc
- 15 ml (1 c. à soupe) de feuilles de romarin frais, hachées
- 15 ml (1 c. à soupe) de feuilles de thym frais, hachées
- 2 gousses d'ail, émincées
- 5 ml (1 c. à thé) de sel casher
- 5 ml (1 c. à thé) de poivre noir fraîchement moulu
- 4 à 6 côtelettes de porc désossées (milieu de longe)
- 60 ml (¼ tasse) de feuilles de persil plat frais, haché

Pour préparer la marmelade d'oignons, placer une grande casserole à fond épais sur un feu moyen-vif. Ajouter l'huile d'olive et les oignons. Remuer pour mélanger, et cuire jusqu'à ce que le tout grésille, environ 2 minutes, puis ajouter le reste des ingrédients de la marmelade. Réduire la chaleur à feu doux. Couvrir la casserole, et cuire à feu doux pendant 2 heures, en brassant toutes les 30 minutes pour enlever les particules qui ont adhéré au fond de la casserole. Les oignons devraient être tendres et avoir la consistance d'une marmelade et une couleur acajou prononcée.

Alors que la marmelade mijote, assaisonner les côtelettes de porc : combiner le romarin, le thym, l'ail, le sel et le poivre dans un petit plat. Bien mélanger les ingrédients en vous servant de vos doigts. Frotter les côtelettes avec le mélange de fines herbes. Couvrir avec une pellicule plastique, et réfrigérer pendant au moins 90 minutes.

Environ 20 minutes avant que les oignons soient prêts, enlever les côtelettes du réfrigérateur. Placer une poêle à rainures sur un feu moyen-vif ou préchauffer le barbecue. Lorsque le feu est prêt, faire griller les côtelettes pendant environ 7 minutes de chaque côté, selon leur épaisseur, pour qu'elles soient cuites à point, ou de 9 à 10 minutes pour qu'elles soient bien cuites. Pour servir, verser la marmelade d'oignons sur les côtelettes de porc. Saupoudrer de persil haché. Servir immédiatement.

Longe de porc rôtie avec vinaigrette à l'ail rôti

Rien de plus facile à faire pour un groupe de convives qu'une longe de porc rôtie, mais parfois elle peut manquer de goût. Faire dorer les tranches de viande avec une sauce à l'ail onctueuse donnera beaucoup de saveur à votre repas du dimanche, en plus d'empêcher le porc d'être trop sec.

6 à 8 portions

Ail rôti
- 2 têtes d'ail
- 30 ml (2 c. à soupe) d'huile d'olive
- Sel

Longe de porc
- 1 longe de porc de 1,5 à 2 kg (3½ à 4½ lb), désossée
- Sel, et poivre noir fraîchement moulu

Vinaigrette
- Ail rôti (voir ci-dessus)
- 60 ml (¼ tasse) de feuilles de persil plat frais, hachées
- 125 ml (½ tasse) de vinaigre balsamique
- 190 ml (¾ tasse) d'huile d'olive extra vierge
- 5 ml (1 c. à thé) de sucre
- 5 ml (1 c. à thé) de sel
- 2,5 ml (½ c. à thé) de poivre noir fraîchement moulu

Préchauffer le four à 240 °C (475 °F).

Pour préparer l'ail rôti, couper les têtes d'ail en deux, en diagonale. Placer les demi-têtes d'ail sur du papier d'aluminium, arroser d'huile d'olive et saupoudrer de sel. Replier le papier d'aluminium vers le haut et autour de l'ail de sorte qu'il puisse rester debout. Sceller hermétiquement le papier d'aluminium. Rôtir jusqu'à ce que les gousses d'ail soient dorées et tendres, environ 1 heure. Garder dans l'aluminium et laisser refroidir légèrement.

Trente minutes après que l'ail ait commencé à rôtir, placer la longe de porc dans une rôtissoire moyenne à fond épais. Assaisonner sur tous les côtés avec le sel et le poivre. Faire rôtir la longe de porc avec l'ail jusqu'à ce qu'un thermomètre à mesure instantanée enregistre une température entre 60 et 63 °C (de 140 à 145 °F), de 30 à 40 minutes. Enlever la rôtissoire du four et couvrir de papier d'aluminium, puis laisser reposer 15 minutes.

Pour préparer la vinaigrette, ouvrir l'aluminium qui recouvre l'ail et presser les bases de chaque demi-tête d'ail dans un mélangeur. Ajouter le persil et le vinaigre balsamique, et mélanger jusqu'à ce que le tout soit homogène. Pendant que le mélangeur fonctionne, verser l'huile d'olive. Ajouter le sucre, le sel, le poivre et 30 ml (2 c. à soupe) d'eau, et mélanger.

Couper le porc en tranches de 1,5 cm (¾ po) d'épaisseur, et transférer sur une assiette de service. Arroser le porc avec de la vinaigrette, et verser le reste dans une saucière.

Espadon poché dans l'huile d'olive avec pesto au rapini

La première fois que j'ai mangé un poisson poché dans l'huile, j'étais dans Napa Valley, et j'ai adoré ce mode de cuisson qui le garde moelleux ; ainsi, le poisson ne peut pas vraiment sécher. Vous pouvez préparer le flétan ou n'importe quel autre poisson blanc doux de cette manière. Assurez-vous d'utiliser un mélange d'huile d'olive et d'huile végétale pour pocher le poisson ; si vous n'utilisez que de l'huile d'olive, le poisson deviendra trop amer. C'est un autre très beau plat qui vous éblouira par ses couleurs vives.

4 portions

Pesto au rapini

- 225 g (8 oz) de rapini (environ ½ botte), les tiges enlevées
- 2 gousses d'ail
- 250 ml (1 tasse) de noix de Grenoble grillées (voir Note page 21)
- 15 ml (1 c. à soupe) de miel
- 5 ml (1 c. à thé) de sel
- 2,5 ml (½ c. à thé) de poivre noir fraîchement moulu
- 125 ml (½ tasse) d'huile d'olive extra vierge
- 60 ml (¼ tasse) de parmesan fraîchement râpé

Espadon poché dans l'huile d'olive

- 1 l (4 tasses) d'huile d'olive
- 500 ml (2 tasses) d'huile végétale
- 4 biftecks de flétan de 170 g (6 oz) chacun, sans la peau, de 2,5 cm (1 po) d'épaisseur
- Sel, et poivre noir fraîchement moulu

Pour préparer le pesto, porter à ébullition dans une casserole moyenne de l'eau salée à feu vif. Ajouter le rapini, et cuire jusqu'à ce qu'il soit tendre, environ 5 minutes. Transférer le rapini dans un grand bol d'eau glacée, et laisser refroidir environ 3 minutes. Bien secouer les rapini pour en enlever l'excès d'eau, et les mettre dans un robot culinaire. Ajouter l'ail, les noix de Grenoble, le miel, le sel et le poivre, et mélanger jusqu'à ce que le tout soit onctueux. Pendant que le robot est en marche, ajouter graduellement l'huile d'olive extra vierge. Transférer le pesto dans un petit plat, et y ajouter le parmesan. Couvrir et réserver.

Pour pocher le poisson, combiner l'huile d'olive et l'huile végétale dans un faitout ou une casserole assez grande pour que le poisson y soit étalé en une seule couche. En utilisant un thermomètre à friture, faire chauffer l'huile jusqu'à 96 °C (200 °F) à feu moyen-doux. Réduire le feu pour maintenir la chaleur à 96 °C (200 °F). Assaisonner le poisson avec le sel et le poivre. Le déposer dans l'huile avec précaution, et s'assurer qu'il soit submergé. Pocher jusqu'à ce qu'il soit bien cuit, de 6 à 7 minutes.

Placer environ 125 ml (½ tasse) de pesto au rapini dans chaque assiette, et l'étendre délicatement pour en faire un lit pour déposer le poisson. À l'aide d'une spatule à égoutter, transférer délicatement le poisson sur le lit de pesto. Servir immédiatement.

Crevettes grillées avec bouillon d'artichauts et de tomates

Cette recette ressemble beaucoup à un ragoût avec de beaux gros morceaux de fruits de mer, mais elle est beaucoup plus légère grâce à une quantité plus importante de légumes et de fines herbes. Vous pouvez utiliser n'importe quel poisson au lieu des crevettes.

4 portions

Crevettes

- 2 gousses d'ail, émincées
- 10 ml (2 c. à thé) de feuilles de romarin frais, hachées
- 45 ml (3 c. à soupe) d'huile d'olive extra vierge
- 1,25 ml (¼ c. à thé) de sel de mer fin
- 1,25 ml (¼ c. à thé) de poivre noir fraîchement moulu
- 450 g (1 lb) de grosses crevettes, décortiquées et déveinées

Bouillon d'artichauts et de tomates

- 45 ml (3 c. à soupe) d'huile d'olive
- 2 échalotes, tranchées en rondelles fines
- 2 gousses d'ail, émincées
- 450 g (1 lb) d'artichauts surgelés, décongelés
- 125 ml (½ tasse) de vin blanc sec
- 375 ml (1½ tasse) de bouillon de poulet à faible teneur en sodium
- 1 conserve de 400 g (14,5 oz) de tomates en dés
- 2,5 ml (½ c. à thé) de feuilles de thym frais, émincées
- 1,25 ml (¼ c. à thé) de sel
- 1,25 ml (¼ c. à thé) de poivre noir fraîchement moulu

Commencer par faire mariner les crevettes. Dans un bol moyen, placer l'ail, le romarin, l'huile d'olive extra vierge, le sel et le poivre. Ajouter les crevettes et remuer pour bien les enrober. Couvrir, et réfrigérer pendant 1 h 30.

Pour préparer le bouillon, faire chauffer 45 ml (3 c. à soupe) d'huile d'olive à feu moyen-vif dans une poêle moyenne. Ajouter les échalotes et faire cuire pendant 1 minute. Ajouter l'ail et les artichauts, et cuire jusqu'à ce qu'ils soient bien dorés, de 8 à 10 minutes. Ajouter le vin blanc et brasser tout en grattant, avec une cuillère de bois, le fond de la poêle pour en enlever les particules qui y ont adhéré. Ajouter le bouillon de poulet, les tomates et leur jus, le thym, le sel et le poivre, et porter à ébullition. Réduire le feu et laisser mijoter pendant 5 minutes.

Pendant que le bouillon mijote, placer une poêle à rainures sur un feu moyen-vif. Faire griller les crevettes jusqu'à ce qu'elles soient bien cuites, de 1 à 2 minutes de chaque côté.

Verser le bouillon d'artichauts et de tomates dans des bols peu profonds. Ajouter les crevettes sur le dessus, et servir immédiatement.

Saumon avec pâte feuilletée et pesto

Vous recherchez une recette sophistiquée et facile à faire ? N'allez pas plus loin. Pour cette élégante petite recette, le pesto est acheté et la pâte feuilletée provient du congélateur. Vous ne croirez pas qu'en 15 minutes, et avec 5 ingrédients seulement, vous pouvez faire un plat si spectaculaire.

4 portions

1 pâte feuilletée surgelée, décongelée
2 filets de saumon de 310 à 340 g (de 10 à 12 oz) chacun
Sel et poivre, au goût
60 ml (¼ tasse) d'amandes effilées
60 ml (¼ tasse) de pesto acheté
2 tomates tranchées

Préchauffer le four à 200 °C (400 °F). Tapisser une plaque à pâtisserie avec du papier d'aluminium.

Déplier la pâte feuilletée sur une planche à découper et utiliser un couteau très aiguisé pour couper 4 carrés de 12 cm^2 (4½ po^2). Piquer chaque carré partout à l'aide d'une fourchette. Disposer les carrés à un bout de la plaque à pâtisserie, à environ 2,5 cm (1 po) l'un de l'autre. Couper les filets de saumon en deux en diagonale pour faire 4 morceaux, d'environ 7,5 cm^2 (3 po^2). Assaisonner les filets de saumon avec le sel et le poivre, et les disposer à l'autre bout de la plaque à pâtisserie. Saupoudrer chaque morceau de saumon avec 15 ml (1 c. à soupe) d'amandes effilées. Cuire pendant environ 10 à 12 minutes, ou jusqu'à ce que la pâte soit feuilletée et bien dorée et que le saumon soit ferme.

Pour servir, placer un carré feuilleté dans chaque assiette. Recouvrir avec 15 ml (1 c. à soupe) de pesto. Mettre 2 tranches de tomates sur le pesto et y ajouter le saumon. Servir immédiatement.

Flétan grillé avec salsa de pamplemousse et de fenouil

Lorsque je rencontre mes admirateurs, cette recette est souvent mentionnée comme une favorite. Ils semblent apprécier la combinaison des saveurs de la salsa.

4 portions

- 2 pamplemousses roses (pomelo)
- 1 bulbe de fenouil paré
- 60 ml (¼ tasse) d'huile d'olive extra vierge
- 30 ml (2 c. à soupe) d'olives niçoises, dénoyautées et coupées en deux
- 30 ml (2 c. à soupe) de feuilles de persil plat frais, hachées
- 5 ml (1 c. à thé) de sel
- 0,5 ml (⅛ c. à thé) de flocons de piment rouge
- 4 morceaux de flétan de 110 g (6 oz) chacun
- 1,25 ml (¼ c. à thé) de poivre noir fraîchement moulu

Préchauffer le four à 190 °C (375 °F).

À l'aide d'un zesteur ou d'une râpe fine, enlever 5 ml (1 c. à thé) de zeste de 1 des pamplemousses. Utiliser un couteau très aiguisé pour enlever la pelure et la peau blanche des 2 pamplemousses. Au-dessus d'un bol, couper entre les membranes pour en enlever les segments de pulpe ; vous devriez en avoir environ 250 ml (1 tasse). Au-dessus du bol, presser les membranes pour en extraire le jus ; 60 ml (¼ tasse) de jus. (Garder le surplus pour une autre fois.) Ajouter le zeste et les segments de pulpe dans le bol.

Couper le bulbe de fenouil en 2 dans le sens de la longueur, et le trancher finement, puis l'ajouter dans le bol avec les pamplemousses. Ajouter l'huile d'olive, les olives, le persil, 2,5 ml (½ c. à thé) du sel et les flocons de piment rouge. Remuer pour mélanger.

Pendant ce temps, placer le poisson dans une rôtissoire tapissée de papier parchemin. Saupoudrer avec les 2,5 ml (½ c. à thé) restants du sel et le poivre noir, et cuire de 10 à 12 minutes, selon l'épaisseur du poisson.

Transférer le poisson avec précaution sur une assiette de service. Recouvrir de salsa de pamplemousse et de fenouil, et servir immédiatement.

Saumon avec brodetto au citron et purée de pois

Ce plat est un exemple parfait de la façon dont j'aime manger. Les couleurs font penser au printemps ; c'est un plat léger qui goûte frais et qui est bien coloré.

4 portions

Brodetto au citron

- 30 ml (2 c. à soupe) d'huile d'olive
- 1 échalote, coupée en dés
- 2 citrons, le zeste de 1 des citrons et le jus des 2
- 500 ml (2 tasses) de bouillon de poulet à faible teneur en sodium
- 15 ml (1 c. à soupe) de feuilles de menthe fraîche, hachées

Purée de pois

- 500 ml (2 tasses) de pois surgelés, décongelés (environ 285 g [10 oz])
- 60 ml (¼ tasse) de feuilles de menthe fraîche
- 1 gousse d'ail
- 2,5 ml (½ c. à thé) de sel casher
- 2,5 ml (½ c. à thé) de poivre noir fraîchement moulu
- 125 ml (½ tasse) d'huile d'olive extra vierge
- 125 ml (½ tasse) de parmesan fraîchement râpé

Saumon

- 60 ml (¼ tasse) d'huile d'olive
- 4 filets de saumon de 110 à 170 g (4 à 6 oz) chacun
- Sel casher, et poivre noir fraîchement moulu

Pour préparer le brodetto au citron, faire chauffer l'huile d'olive dans une poêle moyenne à feu moyen. Ajouter l'échalote, et faire sauter jusqu'à ce qu'elle soit tendre, environ 7 minutes. Ajouter le zeste et le jus de citron, et le bouillon de poulet. Porter à ébullition, couvrir, et garder au chaud à feu doux.

Pour préparer la purée de pois, combiner les pois, la menthe, l'ail, le sel et le poivre dans un robot culinaire, et réduire en purée. Alors que le robot est en marche, verser l'huile d'olive en un filet continu. Transférer la purée de pois dans un petit plat et y ajouter le parmesan ; remuer pour mélanger. Réserver.

Pour préparer le saumon, faire chauffer l'huile d'olive à feu vif dans une grande poêle à fond épais. Assaisonner les morceaux de saumon avec le sel et le poivre. Saisir le saumon jusqu'à ce que la croûte soit dorée, de 4 à 5 minutes. Retourner le saumon et continuer à cuire jusqu'à ce qu'il soit mi-saignant, environ 2 minutes, selon l'épaisseur du poisson.

Pour dresser le plat, mettre 15 ml (1 c. à soupe) de menthe hachée dans le brodetto au citron, et répartir dans 4 plats peu profonds. Verser une grande cuillerée de purée de pois au centre de chaque plat. Déposer un filet de saumon sur la purée de pois, et servir immédiatement.

Desserts

GRANITÉ AUX FRAISES ET AU MASCARPONE
PANNA COTTA AU CHOCOLAT AVEC CRÈME FOUETTÉE À L'AMARETTO
SEMIFREDDO AUX AGRUMES
MOUSSE AU CHOCOLAT ET À L'EXPRESSO AVEC CRÈME FOUETTÉE À L'ORANGE ET AU MASCARPONE
RICOTTA AU CAPPUCCINO
ZEPPOLE À L'ORANGE ET AU CHOCOLAT
GÂTEAU AUX AMANDES, AUX PIGNONS ET À L'ABRICOT
GÂTEAU À L'AMARETTI
QUATRE-QUARTS À L'ORANGE ET À LA RICOTTA AVEC FRAISES
BISCUITS AU CITRON ET À LA RICOTTA AVEC GLAÇAGE AU CITRON
BISCOTTI AU CHOCOLAT ET AUX NOISETTES
STRATA DE BAIES
GÂTEAU À LA SEMOULE DE MAÏS ET AU ROMARIN AVEC SIROP BALSAMIQUE
GÂTEAU CROQUANT AUX NOISETTES AVEC MASCARPONE ET CHOCOLAT

DESSERTS

Ce n'est un secret pour personne que j'ai la dent très sucrée — certains diront que je suis dépendante des desserts. Même si la cuisine italienne n'est pas renommée pour ses desserts, comme le sont les chefs français, c'est toujours ma partie favorite du repas et apparemment, c'est la même chose pour mes téléspectateurs. Les desserts italiens sont généralement sans prétention, faciles à faire, et on en tombe facilement amoureux. Qui n'aime pas un petit beigne trempé dans la sauce au chocolat ? La conjonction de l'orange et du chocolat les rend divins, et je ne connais pas beaucoup de personnes qui peuvent résister à un beigne chaud et sucré. Le granité crémeux aux fraises et au mascarpone est un dessert léger mais crémeux et glacé, et presque tout le temps de préparation consiste en la congélation. Du Semifreddo aux agrumes parsemé de miettes de biscuits à la magie d'un gâteau avec un secret bien gardé, ces surprises sucrées finiront très bien un repas, et vos invités quitteront avec le sourire aux lèvres.

Granité aux fraises et au mascarpone

J'adore la saveur des granités, mais leur texture est souvent granuleuse et glacée; le mascarpone atténue cette version et la rend semblable à un sorbet. Ne la raclez pas à moins d'être prêt à la servir, car elle commencera à fondre et sera ainsi moins appétissante.

4 à 6 portions

- 125 ml (½ tasse) plus 15 ml (1 c. à soupe) de sucre
- 125 ml (½ tasse) de feuilles de menthe fraîche, hachées
- 500 ml (2 tasses) de fraises hachées grossièrement, plus 225 ml (1 tasse) de fraises coupées en petits dés
- 125 ml (½ tasse) de fromage mascarpone
- 45 ml (3 c. à soupe) de jus de citron fraîchement pressé
- 1 pincée de sel

Placer 125 ml (½ tasse) de sucre et la menthe dans une petite poêle avec 250 ml (1 tasse) d'eau, et porter à ébullition; brasser de temps à autre pour que le sucre se dissolve. Laisser mijoter à feu doux pendant 5 minutes pour faire tremper la menthe. Égoutter la menthe du simple sirop et la jeter.

Dans un robot culinaire, combiner 500 ml (2 tasses) de fraises hachées grossièrement avec les 15 ml (1 c. à soupe) restants du sucre. Réduire en purée. Ajouter le mascarpone, le jus de citron et le sel, et mélanger jusqu'à ce que le mascarpone soit bien incorporé. Ajouter le sirop de menthe et brasser. Verser le mélange de fraises dans un plat de verre de 20 x 20 cm (8 x 8 po), couvrir avec une pellicule plastique et placer au congélateur. Le mélange prendra environ 4 heures à congeler.

Pour servir, racler le granité à l'aide d'une fourchette. Avec une cuillère, verser le mélange dans des bols refroidis. Ajouter les petits dés fraises sur le dessus. Servir immédiatement.

Panna cotta au chocolat avec crème fouettée à l'Amaretto

Cette recette est la réponse des amateurs de chocolat au panna cotta. Elle ressemble beaucoup à une mousse, mais la gélatine la rend un peu plus ferme.

4 à 6 portions

- 500 ml (2 tasses) de lait entier froid
- 250 ml (1 tasse) de sucre granulé
- 5 ml (1 c. à thé) d'extrait de vanille pure
- 1 paquet de gélatine sans saveur
- 4 œufs légèrement battus
- 1 sac de 340 g (12 oz) de pépites de chocolat mi-sucré
- 60 ml (¼ tasse) d'amandes effilées grillées (voir Note page 33)
- 250 ml (1 tasse) de crème à fouetter
- 15 ml (1 c. à soupe) de sucre glace
- 15 ml (1 c. à soupe) d'une liqueur d'amandes comme l'Amaretto

Préchauffer le four à 180 °C (350 °F). Beurrer un plat de 2 l (8 tasses) allant au four.

Dans une petite poêle, combiner 375 ml (1½ tasse) du lait, le sucre granulé et la vanille. Porter à ébullition, et brasser jusqu'à ce que le sucre soit dissous. Retirer du feu.

Dans un petit bol, saupoudrer la gélatine sur les 125 ml (½ tasse) restants du lait froid, et laisser dissoudre pendant 2 minutes. Combiner le lait froid et la gélatine avec le lait chaud et le sucre. Brasser pour faire dissoudre la gélatine, environ 5 minutes. (Chauffer un peu le lait si la gélatine ne se dissout pas facilement.) Lorsque la gélatine est complètement dissoute, combiner les œufs avec le mélange de lait chaud, en fouettant constamment pour empêcher les œufs de se brouiller. Verser le mélange, et filtrer à l'aide d'un tamis à petites mailles, dans une grande tasse à mesurer ou un petit pichet.

Pendant ce temps, faire fondre le chocolat dans un bain-marie. Lorsque le chocolat est fondu, ajouter graduellement le mélange d'œufs et de lait, en brassant entre chaque addition pour créer un mélange de chocolat onctueux.

Verser le mélange dans le plat déjà préparé. Saupoudrer le dessus avec les amandes. Placer le plat dans une plus grande rôtissoire, et ajouter de l'eau chaude dans la rôtissoire, jusqu'à la moitié du plat. Placer le tout au four, et cuire la panna cotta jusqu'à ce que les côtés soient fermes et que le centre bouge un peu, environ 1 heure. Retirer du four et laisser refroidir pendant au moins 30 minutes.

Juste avant de servir, fouetter la crème dans un bol moyen, jusqu'à l'obtention de pics mous, à l'aide d'un fouet ou d'un batteur électrique. Ajouter le sucre glace et la liqueur d'amandes, et fouetter pour bien mélanger. Servir la panna cotta dans des bols individuels, et garnir d'une bonne cuillérée de crème fouettée aux amandes.

Semifreddo aux agrumes

Si vous avez toujours voulu faire de la crème glacée à la maison sans vouloir investir dans une sorbetière, essayez cette recette. Le semifreddeo est un dessert crémeux et très riche, mais le jus de citron et le Limoncello le rendent très léger malgré tous les jaunes d'œufs et la crème.

8 portions

- 190 ml (¾ tasse) de sucre
- 8 gros jaunes d'œufs
- 60 ml (¼ tasse) de jus de citron fraîchement pressé
- 45 ml (3 c. à soupe) de jus de lime fraîchement pressé
- 30 ml (2 c. à soupe) de Limoncello (liqueur de citron)
- 1 pincée de sel
- Zeste de 1 citron
- Zeste de 1 lime
- 250 ml (1 tasse) de crème riche en matière grasse
- 60 g (2 oz) de biscuits amaretti émiettés (environ 10 petits biscuits)

Vaporiser un moule à pain en métal de 23 x 13 x 7,5 cm (9 x 5 x 3 po) avec un enduit antiadhésif. Tapisser le moule avec une pellicule plastique plus grande que le moule, afin que le surplus pende de tous les côtés.

Fouetter 125 ml (½ tasse) de sucre, les jaunes d'œufs, le jus de citron, le jus de lime, le Limoncello et le sel dans un grand bol en métal pour bien mélanger. Ajouter les zestes. Mettre le bol au-dessus d'un plat d'eau bouillante (le bol ne doit pas toucher à l'eau). Fouetter le mélange d'œufs jusqu'à ce qu'il soit épais et crémeux, et qu'un thermomètre inséré dans le mélange enregistre une température de 71 °C (160 °F), environ 5 minutes. Mettre ce bol de crème anglaise dans un bol d'eau glacée pour la refroidir complètement.

À l'aide d'un batteur électrique, fouetter la crème riche en matière grasse et les 60 ml (¼ tasse) restants du sucre dans un autre grand bol, jusqu'à la formation de pics fermes. À l'aide d'une grande spatule de caoutchouc, plier délicatement la crème fouettée dans la crème anglaise. Mettre le tout dans le moule à pain déjà préparé. Replier la pellicule plastique pour couvrir la crème anglaise, et mettre au congélateur jusqu'à ce qu'elle soit congelée, au moins 8 heures, ou jusqu'à 3 jours.

Déplier la pellicule plastique. Retourner le semifreddo dans une assiette, et enlever complètement la pellicule plastique. Couper le semifreddo en tranches épaisses de 2,5 cm (1 po), saupoudrer avec les miettes de biscuits, et servir.

Desserts

179

Mousse au chocolat et à l'expresso avec crème fouettée à l'orange et au mascarpone

Si vous êtes intimidé par le fait de devoir préparer une mousse, cette recette est vraiment géniale. Une fois que le lait est chaud, combiner le tout dans un mélangeur et par la suite, mettre au réfrigérateur pour faire refroidir. Il n'y a pas plus facile. Garnir chaque portion individuelle avec la crème à la saveur que vous préférez ; je préfère orange et chocolat, mais la crème à la cannelle est très bonne aussi.

4 portions

Mousse
- 125 ml (½ tasse) de lait entier
- 45 ml (3 c. à soupe) de sucre granulé
- 1,25 ml (¼ c. à thé) de poudre d'expresso instantané
- 250 ml (1 tasse) de pépites de chocolat mi-sucré
- 3 gros blancs d'œufs

Crème fouettée à l'orange et au mascarpone
- 60 ml (¼ tasse) de mascarpone à la température ambiante
- 30 ml (2 c. à soupe) de jus d'orange fraîchement pressé
- 125 ml (½ tasse) de crème riche en matière grasse
- 30 ml (2 c. à soupe) de sucre glace
- 5 ml (1 c. à thé) de zeste d'orange râpé

Pour préparer la mousse, dans une petite poêle, ajouter le lait, le sucre granulé et la poudre d'expresso, et faire chauffer à feu moyen jusqu'à ce que le lait soit chaud, mais non bouillant, et que le sucre soit dissous.

Mettre les pépites de chocolat dans un mélangeur et y verser le lait chaud. Mélanger à haute vitesse pendant quelques secondes, jusqu'à ce que le tout soit homogène ; ajouter alors les blancs d'œufs et mélanger à haute vitesse jusqu'à ce que le mélange devienne léger, environ 1 minute. Transférer la mousse dans 4 petits ramequins. Couvrir d'une pellicule plastique, et réfrigérer jusqu'à ce que la mousse soit ferme, environ 3 heures.

Pour préparer la crème fouettée au mascarpone, dans le récipient d'un mélangeur électrique, mélanger le mascarpone et le jus d'orange jusqu'à ce que le tout soit homogène. Ajouter la crème, le sucre glace et le zeste d'orange. Battre jusqu'à ce que la crème forme des pics mous, environ 1 minute.

Mettre une grosse cuillérée de crème fouettée sur chaque ramequin de mousse, et servir.

Note : Cette recette contient des blancs d'œufs crus qui ne sont pas recommandés pour les enfants, les personnes âgées et pour les personnes qui ont un système immunitaire déficient. Si vous avez des doutes en ce qui a trait aux œufs crus, choisissez une autre recette.

La crème fouettée au mascarpone peut être faite plusieurs heures à l'avance et réfrigérée, recouverte d'une pellicule plastique.

Ricotta au cappuccino

Dans ces belles petites coupes sucrées, un aliment réconfortant fait une rencontre avec le bar à expresso. Ce n'est pas tout à fait une crème-dessert, mais ce mélange mousseux et épais ressemble à la crème qui nappe le dessus d'une tasse de cappuccino.

4 portions

- 125 ml (½ tasse) de sucre
- ½ gousse de vanille
- 1 contenant de 420 ml (15 oz) de fromage ricotta au lait entier
- 7,5 ml (1½ c. à thé) de poudre d'expresso instantané
- 1 biscotti de 7,5 cm (3 po), émietté
- 1 pincée de cannelle moulue
- 1 pincée de poudre de cacao

Mettre le sucre dans un robot culinaire. Couper la gousse de vanille dans le sens de la longueur et gratter les graines, puis les mettre dans le robot. Bien mélanger. Ajouter la ricotta et la poudre d'expresso, et brasser pendant 1 minute. Arrêter le robot et, à l'aide d'une spatule en caoutchouc, racler les bords, puis mélanger pour 1 minute encore. À l'aide d'une cuillère, mettre le mélange dans 4 petites tasses à café. Couvrir, et réfrigérer pendant au moins 1 heure, ou jusqu'à 1 journée.

Pour servir, recouvrir la ricotta au cappuccino avec les miettes de biscotti. Saupoudrer de cannelle et de poudre de cacao.

Zeppole à l'orange et au chocolat

Les zeppole sont des petits beignes que l'on vend dans les rues de Naples et dans les foires. On les sert habituellement saupoudrés de sucre glace, mais dans ma recette, la combinaison du chocolat et de l'orange nous fait mourir d'envie. Il faut les manger chauds, parce qu'ils deviennent lourds et pâteux en refroidissant (s'ils ne sont pas mangés avant !).

4 à 6 portions

Sauce au chocolat
- 190 ml (¾ tasse) de crème riche en matière grasse
- 250 ml (1 tasse) de pépites de chocolat mi-sucré

Zeppole à l'orange
- 125 ml (½ tasse) de beurre non salé
- 60 ml (¼ tasse) de sucre
- 1,5 ml (¼ c. à thé) de sel
- 250 ml (1 tasse) de farine tout usage
- 4 œufs
- 15 ml (1 c. à soupe) de zeste d'orange râpé
- Huile végétale, pour la friture

Sucre d'orange
- 15 ml (1 c. à soupe) de zeste d'orange râpé
- 125 ml (½ tasse) de sucre

Pour préparer la sauce au chocolat, faire chauffer la crème dans une petite poêle jusqu'à ce qu'elle soit chaude, mais non bouillante. Combiner la crème et le chocolat dans un bol résistant à la chaleur, et mélanger jusqu'à ce que ce soit onctueux.

Pour préparer le zeppole à l'orange, combiner le beurre, le sucre, le sel et 125 ml (½ tasse) d'eau dans une poêle moyenne, et porter à ébullition sur un feu moyen-vif. Retirer la poêle du feu, et ajouter la farine en brassant. Retourner la poêle sur un feu doux, et cuire en brassant constamment, jusqu'à ce que le mélange forme une boule, environ 4 minutes. Transférer le mélange de farine dans un bol moyen. À l'aide d'un batteur électrique à main, battre les œufs à basse vitesse en les ajoutant un par un, et en battant chacun complètement avant d'ajouter l'autre. Ajouter le zeste d'orange, et battre jusqu'à ce que ce soit homogène. Réserver.

Pour préparer le sucre d'orange, placer le zeste d'orange et le sucre dans un robot culinaire. Bien mélanger. Transférer le sucre dans un plat peu profond, et réserver.

Verser 5 cm (2 po) d'huile dans une poêle à frire. Faire chauffer l'huile à feu moyen jusqu'à ce que le thermomètre à friture atteigne 180 °C (350 °F).

À l'aide d'une petite cuillère à crème glacée ou de deux petites cuillères, laisser tomber avec précaution environ 15 ml (1 c. à soupe) de pâte dans l'huile. Faire 3 autres zeppole en ayant soin de ne pas en mettre trop à la fois. Tourner chaque zeppole 1 ou 2 fois, et cuire jusqu'à ce qu'ils soient dorés et gonflés, environ 5 minutes. Rouler les zeppole cuits dans le sucre d'orange et transférer dans une assiette. Continuer à faire frire les autres zeppole, 4 à la fois.

Réchauffer la sauce au chocolat si nécessaire, et servir dans un petit bol avec les zeppole.

Gâteau aux amandes, aux pignons et à l'abricot

Croyez-le ou non, les gâteaux comme celui-ci avec des noix et des fruits secs sont très populaires à Venise. Là-bas, ils sont servis l'après-midi avec un café, mais ils sont parfaits pour le petit déjeuner également.

4 à 6 portions

125 ml (½ tasse) d'amandes effilées
125 ml (½ tasse) de pignons
310 ml (1¼ tasse) de farine tout usage
5 ml (1 c. à thé) de levure chimique
2,5 ml (½ c. à thé) de sel
4 gros œufs
310 ml (1¼ tasse) de sucre
190 ml (¾ tasse) de beurre non salé, fondu
80 ml (⅓ tasse) de lait
1,25 ml (¼ c. à thé) d'essence d'amande
125 ml (½ tasse) d'abricots séchés, hachés

Préchauffer le four à 180 °C (350 °F). Beurrer et fariner un moule à gâteau de 23 cm (9 po).

Combiner 60 ml (¼ tasse) d'amandes et 60 ml (¼ tasse) de pignons dans une poêle sèche, et la placer sur un feu moyen-vif, en brassant de temps à autre, jusqu'à ce qu'elles soient légèrement dorées et rôties, environ 10 minutes. Transférer dans un robot culinaire et laisser refroidir pendant quelques minutes, puis mélanger jusqu'à ce que les noix soient finement moulues. Mettre les noix dans un bol moyen, ajouter la farine, la levure chimique et le sel, et bien mélanger. Réserver.

Dans un bol moyen, à l'aide d'un batteur électrique, fouetter les œufs et le sucre jusqu'à ce que le mélange devienne épais et jaune pâle. Ajouter le beurre et le lait, et mélanger; incorporer à la main l'essence d'amande et les abricots. Incorporer délicatement les ingrédients secs.

Verser le mélange dans le moule à gâteau déjà préparé. Saupoudrer le dessus du gâteau avec les 60 ml (¼ tasse) restants des amandes effilées et les 60 ml (¼ tasse) restants de pignons. Faire cuire jusqu'à ce qu'un cure-dents inséré au milieu en ressorte propre, 50 à 55 minutes. Laisser refroidir le gâteau sur une grille. À l'aide d'un couteau, décoller les parois. Retourner le gâteau, le couper en pointes, et servir.

Gâteau à l'amaretti

Une autre recette qui, avec très peu d'ingrédients, créera une très bonne impression. Il n'est pas aussi dense que son nom peut le suggérer, car les blancs d'œufs battus et les miettes de biscuit l'allègent considérablement. Pensez à cette recette la prochaine fois que vous chercherez un gâteau d'anniversaire différent à préparer ; avec sa couche de marmelade et la garniture de miettes de biscuits, il se présente très bien pour toute occasion importante.

8 à 10 portions

- 20 biscuits amaretti entiers, plus 8 émiettés pour la garniture
- 125 ml (½ tasse) de pépites de chocolat mi-sucré
- 250 ml (1 tasse) de beurre non salé à la température ambiante
- 250 ml (1 tasse) de sucre
- 5 gros œufs, les blancs séparés des jaunes
- 30 ml (2 c. à soupe) de liqueur à l'orange (Triple Sec, Cointreau ou Grand Marnier)
- 125 ml (½ tasse) de farine tout usage
- 60 ml (¼ tasse) de marmelade à l'orange

Préchauffer le four à 180 °C (350 °F). Graisser un moule à gâteau de 25 cm (10 po), et tapisser le fond avec un cercle de papier parchemin.

Combiner les 20 biscuits amaretti et les pépites de chocolat dans un robot culinaire, et réduire en fines miettes. Réserver.

Dans un grand bol, à l'aide d'un batteur électrique, battre en crème le beurre et le sucre, jusqu'à ce que le tout devienne jaune pâle, environ 2 minutes. Ajouter les jaunes d'œufs 1 à la fois, et bien battre après chaque addition. Lorsque tous les œufs ont été ajoutés, battre en crème le mélange jusqu'à ce qu'il soit léger et moelleux, environ 4 minutes de plus. Ajouter la liqueur d'oranges. Régler le batteur à basse vitesse, et ajouter la farine et le mélange de chocolat et d'amaretti, et bien mélanger après chaque addition.

Dans un bol moyen, battre les blancs d'œufs (à l'aide du mixeur électrique dont les batteurs ont été nettoyés) jusqu'à la formation de pics fermes, environ 3 minutes. Ajouter ⅓ des blancs d'œufs battus au mélange, et battre jusqu'à ce que le tout soit homogène. Incorporer délicatement en pliant le reste des blancs d'œufs battus, et mélanger très peu. Verser le mélange dans le moule à gâteau déjà préparé. Cuire jusqu'à ce qu'un cure-dent inséré au centre en ressorte propre, de 45 à 50 minutes.

Laisser le gâteau refroidir dans son moule sur une grille pendant 10 minutes. Retourner le gâteau sur une assiette, et laisser refroidir à la température ambiante. Étendre la marmelade d'orange sur le dessus du gâteau en une couche uniforme, et saupoudrer du reste des biscuits amaretti émiettés.

Quatre-quarts à l'orange et à la ricotta avec fraises

Le quatre-quarts est toujours populaire parce qu'il se conserve très bien ; il pourra être gardé au congélateur jusqu'à 6 mois si vous l'enveloppez hermétiquement. Sortez-le et garnissez-le à votre goût, ou ne le garnissez pas du tout ; d'une façon ou d'une autre, il sera bon.

6 à 8 portions

- 375 ml (1½ tasse) de farine à gâteau
- 12,5 ml (2½ c. à thé) de levure chimique
- 5 ml (1 c. à thé) de sel casher
- 190 ml (¾ tasse) de beurre non salé, à la température ambiante, un peu plus pour graisser le moule à gâteau
- 375 ml (1½ tasse) de fromage ricotta au lait entier
- 375 ml (1½ tasse) plus 15 ml (1 c. à soupe) de sucre granulé
- 3 gros œufs
- 5 ml (1 c. à thé) d'essence de vanille pure
- Zeste de 1 orange
- 30 ml (2 c. à soupe) d'Amaretto
- Sucre glace, pour saupoudrer
- 1 l (4 tasses) de fraises, équeutées et coupées en quartiers

Préchauffer le four à 180 °C (350 °F). Graisser un moule à pain 23 x 13 x 7,5 cm (9 x 5 x 3 po) avec le beurre.

Dans un bol moyen, combiner la farine, la levure chimique et le sel. Bien mélanger.

À l'aide d'un mélangeur électrique, battre en crème le beurre, la ricotta et 375 ml (1½ tasse) du sucre granulé, jusqu'à ce soit léger et moelleux, environ 3 minutes. Ajouter les œufs 1 à la fois, et bien battre après chaque addition. Ajouter la vanille, le zeste d'orange et l'Amaretto, et battre jusqu'à ce que le tout soit homogène. Ajouter les ingrédients secs, un peu à la fois, en battant jusqu'à ce qu'ils soient incorporés.

Verser le mélange dans le moule à pain déjà préparé, et cuire jusqu'à ce qu'un cure-dents inséré en ressorte propre et que les bords commencent à décoller, 45 à 50 minutes. Laisser refroidir le gâteau pendant 10 minutes, pour ensuite le retourner sur une grille pour qu'il finisse de refroidir. À l'aide d'un tamis, saupoudrer le sucre glace sur le gâteau refroidi.

Pendant ce temps, placer les fraises dans un petit bol avec les 5 ml (1 c. à thé) restants du sucre granulé. Remuer pour mélanger, puis réserver jusqu'à ce que les fraises commencent à libérer un peu de leur jus.

Pour servir, trancher le gâteau, et garnir chaque tranche avec une grosse cuillerée de fraises avec le jus.

Biscuits au citron et à la ricotta avec glaçage au citron

Ils tiennent plus du gâteau qu'ils ne sont croustillants; ces petits gâteaux distingués gonflent lors de la cuisson et ressemblent beaucoup à des dessus de muffins. Le glaçage au citron ajoute une couche acidulée et croustillante.

Donne 44 biscuits

625 ml (2½ tasses) de farine tout usage
5 ml (1 c. à thé) de levure chimique
5 ml (1 c. à thé) de sel
125 ml (½ tasse) de beurre non salé, à la température ambiante
500 ml (2 tasses) de sucre granulé
2 œufs
1 contenant de 420 ml (15 oz) de fromage ricotta au lait entier
Zeste de 1 citron
45 ml (3 c. à soupe) de jus de citron fraîchement pressé

Glaçage

375 ml (1½ tasse) de sucre glace
Zeste de 1 citron
45 ml (3 c. à soupe) de jus de citron fraîchement pressé

Préchauffer le four à 190 °C (375 °F).

Dans un bol moyen, combiner la farine, la levure chimique et le sel. Réserver.

Dans un grand bol, à l'aide d'un mélangeur électrique, battre le beurre et sucre granulé jusqu'à ce que le tout soit léger et moelleux, environ 3 minutes. Ajouter les œufs, 1 à la fois, et bien battre. Ajouter la ricotta, le zeste et le jus de citron, et bien mélanger. Incorporer les ingrédients secs.

Tapisser 2 plaques à cuisson avec du papier parchemin. À l'aide d'une cuillère, laisser tomber 30 ml (2 c. à soupe) de pâte pour chaque biscuit sur la plaque. Cuire pendant 15 minutes, jusqu'à ce que le bord soit légèrement doré. Retirer du four, et laisser refroidir pendant 20 minutes.

Pendant que les biscuits refroidissent, combiner le sucre glace, le zeste et le jus de citron dans un petit bol, et battre jusqu'à ce que le tout soit homogène. À l'aide d'une cuillère, verser 2,5 ml (½ c. à thé) de glaçage sur chaque biscuit, et se servir du dos de la cuillère pour l'étendre jusqu'aux bords des biscuits. Laisser le glaçage durcir pendant environ 2 heures. Conserver les biscuits dans un contenant hermétique.

Biscotti au chocolat et aux noisettes

Chaque fois que je peux utiliser du Nutella dans une recette, j'en profite. Ma grand-mère préparait souvent ces gâteries, qu'elle appelait « biscotti ». Conformément à sa tradition, je fais la même chose, même si les miens sont comme des biscuits à la cuillère, plus riches et moelleux que les biscotti que l'on connaît, qui sont généralement secs et très durs.

Donne 36 biscuits

- 330 ml (1⅓ tasse) de farine tout usage
- 2,5 ml (½ c. à thé) de levure chimique
- 2,5 ml (½ c. à thé) de bicarbonate de soude
- 1,25 ml (¼ c. à thé) de sel casher
- 125 ml (½ tasse) de beurre non salé, à la température ambiante
- 125 ml (½ tasse) de tartinade de chocolat aux noisettes, comme le Nutella
- 125 ml (½ tasse) de sucre granulé
- 125 ml (½ tasse) de cassonade pâle
- 1 œuf
- 5 ml (1 c. à thé) d'essence de vanille pure
- 190 ml (¾ tasse) de noisettes sans la pelure, hachées et rôties (voir Note)

Préchauffer le four à 190 °C (375 °F). Tapisser une plaque à pâtisserie avec du papier parchemin.

Dans un bol moyen, combiner la farine, la levure chimique, le bicarbonate de soude et le sel. Réserver.

Dans un autre bol moyen, à l'aide d'un mélangeur électrique, battre en crème le beurre, la tartinade de chocolat aux noisettes, le sucre et la cassonade pendant environ 4 minutes. Ajouter les œufs et la vanille, et battre jusqu'à ce que le tout soit homogène, environ 1 minute. À l'aide d'une cuillère en bois ou d'une spatule de caoutchouc, incorporer le mélange de farine. Ajouter les noisettes et remuer pour mélanger.

Utilisant une cuillère à soupe comme mesure, laisser tomber une cuillérée de pâte sur la plaque à pâtisserie, à 10 cm (4 po) de distance l'une de l'autre. Utiliser les dents d'une fourchette pour aplatir chaque biscuit. Faire cuire de 10 à 12 minutes. À l'aide d'une spatule en métal, transférer les biscuits sur une grille, et laisser refroidir.

Note : Pour faire rôtir les noisettes, les étendre sur une plaque à pâtisserie dans un four à 180 °C (350 °F), pendant 10 à 12 minutes, ou jusqu'à ce qu'elles soient dorées et qu'elles dégagent un bon arôme.

Strata de baies

En un mot, c'est un pudding au pain, et la ricotta et les œufs le rendent assez riche et consistant pour pouvoir le servir lors d'un brunch. Servez-la avec du sirop d'érable en accompagnement pour le petit déjeuner, ou avec de la crème fouettée légèrement sucrée pour dessert.

6 à 8 portions

- 30 ml (2 c. à soupe) de beurre non salé
- 45 ml (3 c. à soupe) de miel
- 4 gros œufs
- 125 ml (½ tasse) de fromage ricotta au lait entier
- 45 ml (3 c. à soupe) de sucre
- 250 ml (1 tasse) de lait entier
- 60 ml (¼ tasse) de jus d'orange fraîchement pressé
- 4 tranches de pain coupées en morceaux de 2,5 cm (1 po), environ 1 l (4 tasses)
- 1 sac 285 g (10 oz) de baies mélangées surgelées, décongelées et égouttées

Faire fondre le beurre dans une petite poêle à feu doux. Fermer le feu, ajouter le miel et bien mélanger.

Combiner les œufs, la ricotta et le sucre dans un grand bol. À l'aide d'une fourchette, bien mélanger et battre les œufs. Ajouter le lait, le jus d'orange, le beurre et le mélange de miel ainsi que le pain. Remuer pour mélanger. Incorporer les baies délicatement.

Verser le mélange dans un moule rond (2 l [8 tasses]) de 25 cm (10 po) allant au four. Couvrir d'une pellicule plastique et mettre au réfrigérateur pendant au moins 2 heures, ou jusqu'à 12 heures.

Préchauffer le four 180 °C (350 °F). Faire cuire la strata jusqu'à ce qu'elle soit bien cuite et que le dessus soit doré, environ 40 minutes. Laisser refroidir environ 5 minutes avant de servir. À l'aide d'une cuillère, mettre dans des bols individuels, et servir.

Gâteau à la semoule de maïs et au romarin avec sirop balsamique

C'est comme le meilleur muffin au maïs que vous n'ayez jamais mangé, mais plus riche et plus sucré. Le romarin ajoute une saveur subtile et donne un arôme qui nous rappelle le temps de Fêtes. Il est aussi bon avec une tasse de thé qu'avec un verre de vin de dessert. Le goût du sirop balsamique est suave et soutenu, avec une saveur qui s'approche de celle du chocolat et qui complète bien le romarin.

4 à 6 portions

Gâteau
- 125 ml (½ tasse) de semoule de maïs jaune et fine
- 125 ml (½ tasse) de farine à gâteau
- 15 ml (1 c. à soupe) de feuilles de romarin frais, émincées
- 5 ml (1 c. à thé) de levure chimique
- 1,25 ml (¼ c. à thé) de sel
- 125 ml (½ tasse) de beurre non salé, à la température ambiante
- 2,5 ml (½ c. à thé) d'essence de vanille pure
- 300 ml (1¼ tasse) de sucre glace, plus pour saupoudrer
- 4 gros jaunes œufs
- 2 gros œufs
- 125 ml (½ tasse) de crème sure

Sirop balsamique
- 125 ml (½ tasse) de sucre granulé
- 125 ml (½ tasse) de vinaigre balsamique
- ½ brin de romarin frais

Préchauffer le four à 180 °C (350 °F). Beurrer et fariner un moule à gâteau rond de 20 cm (8 po).

Dans un bol moyen, fouetter la semoule de maïs, la farine à gâteau, le romarin émincé, la levure chimique et le sel.

À l'aide d'un batteur sur socle, fouetter le beurre et la vanille à basse vitesse jusqu'à ce que ce soit homogène. Ajouter lentement le sucre glace. Lorsque le sucre est incorporé, battre à grande vitesse jusqu'à ce que le mélange devienne moelleux, environ 3 minutes. Ajouter les jaunes d'œufs et les œufs, 1 à la fois, en battant bien entre chaque addition. Réduire à vitesse moyenne, et ajouter la crème sure. À basse vitesse, ajouter les ingrédients secs et mélanger jusqu'à ce que tous les ingrédients soient incorporés.

Verser le mélange dans le moule à gâteau déjà préparé et lisser la surface à l'aide d'une spatule. Placer au tiers inférieur du four, et cuire jusqu'à ce que le gâteau soit doré et que les côtés se détachent du moule, environ 35 minutes. Transférer le moule sur une grille, et laisser refroidir.

Pendant la cuisson du gâteau, préparer le sirop balsamique. Combiner le sucre, le vinaigre balsamique et le romarin dans une petite poêle. Porter à ébullition, et laisser mijoter jusqu'à ce que le sucre soit dissous, environ 5 minutes. Jeter le romarin, et laisser refroidir le sirop.

Transférer le gâteau du moule à une assiette de service, et saupoudrer de sucre glace. Servir arrosé de sirop balsamique.

Gâteau croquant aux noisettes avec mascarpone et chocolat

Plusieurs étapes sont nécessaires pour préparer ce gâteau, mais comme on commence avec une préparation en boîte, les autres étapes sont faciles. Tous les efforts sont concentrés sur la garniture crémeuse et croustillante, faite de nougatine aux noisettes qui est en elle-même une délicieuse confiserie. Vous aurez un gâteau d'anniversaire spectaculaire.

8 portions

Gâteau
- 1 boîte de préparation pour gâteau au chocolat, et tous les autres ingrédients nécessaires à cette préparation

Croquant aux noisettes
- 250 ml (1 tasse) (environ 125 g [4½ oz]) de noisettes rôties et pelées (voir Note page 190)
- 165 ml (⅔ tasse) de sucre granulé

Garniture
- 2 contenants de 225 g (8 oz) de fromage mascarpone à la température de la pièce
- 250 ml (1 tasse) de crème riche en matière grasse
- 190 ml (¾ tasse) de sucre glace
- 5 ml (1 c. à thé) d'essence de vanille pure

Décoration
- 60 ml (¼ tasse) de pépites de chocolat mi-sucré
- 15 ml (1 c. à soupe) de sucre granulé
- 5 ml (1 c. à thé) de zeste d'orange râpé

Préchauffer le four 180 °C (350 °F). Beurrer et fariner deux moules à gâteaux de 20 cm (8 po).

Préparer le gâteau selon les instructions sur l'emballage. Diviser le contenu dans les deux moules et faire cuire tel qu'indiqué. Enlever du four, et laisser refroidir sur une grille.

Pour préparer le croquant aux noisettes, placer les noisettes grillées en une seule couche sur une plaque à pâtisserie tapissée d'un papier parchemin. Combiner le sucre granulé avec 80 ml (⅓ tasse) d'eau dans une petite casserole. Porter à ébullition sur un feu moyen-vif, et brasser jusqu'à ce que le sucre soit dissous. Continuer à faire bouillir le mélange jusqu'à ce que le sucre devienne brun clair, environ 8 minutes. Retirer du feu et attendre que le mélange ne fasse plus de bulles, puis verser le sucre caramélisé sur les noisettes. Placer la plaque à pâtisserie au réfrigérateur, et laisser refroidir jusqu'à ce que la nougatine durcisse, environ 30 minutes. Lorsqu'elle est dure, placer sur une planche à découper et couper en petits morceaux, en gardant quelques gros morceaux pour la décoration. Réserver.

Pour préparer la garniture, mettre le mascarpone, la crème, le sucre glace et la vanille dans un grand bol à mélanger. À l'aide d'un mélangeur électrique, fouetter la crème jusqu'à l'obtention de pics mous. Incorporer les petits morceaux de nougatine en pliant la crème fouettée.

Pour préparer la décoration, placer les pépites de chocolat, le sucre glace et le zeste dans un robot culinaire. Mélanger jusqu'à ce que le chocolat soit finement moulu.

Pour assembler le gâteau, mettre le premier gâteau dans une assiette de service ou dans un plat à gâteau. Recouvrir avec une couche de 2,5 cm (1 po) de garniture. Placer le second gâteau par-dessus, et recouvrir tout le gâteau avec le reste de la garniture. Saupoudrer le dessus et les côtés du gâteau avec la décoration, et placer les gros morceaux de croquant aux noisettes sur le dessus. Servir.

(Pas) Seulement pour les enfants

CREVETTES RECOUVERTES D'UNE CROÛTE DE POLENTA AVEC MOUTARDE AU MIEL

BÂTONNETS DE POISSON AU PARMESAN

PETITS CALZONES

ROULÉS AU PROSCIUTTO ET À LA MOZZARELLA

ORECCHIETTES AVEC PETITES BOULETTES DE POULET

FUSILLIS *ALLA CAPRESE*

ORZO AUX SAUCISSES, AUX POIVRONS ET AUX TOMATES

PÂTÉS À LA PIZZA

PILONS DE POULET SUCRÉS ET COLLANTS

PETITS GÂTEAUX AU MASCARPONE GLACÉS AUX FRAISES

FRUITS D'ÉTÉ GRILLÉS

QUATRE-QUARTS AUX PÉPITES DE CHOCOLAT

GLACE ITALIENNE

(PAS) SEULEMENT POUR LES ENFANTS

De nos jours, il y a de plus en plus d'enfants intéressés et excités par la nourriture et la cuisine, et je suis très fière d'avoir la chance de les inspirer dans leur apprentissage et le choix de leur alimentation. Au fil des ans, les recettes les plus populaires sont celles que j'ai composées pour les enfants, recettes qu'ils peuvent préparer eux-mêmes (avec l'aide d'un adulte, naturellement) ou qui sont dignes du fin palais de ces jeunes. D'une façon ou d'une autre, j'espère que ces recettes aideront les enfants à se sentir plus à l'aise dans une cuisine, et qu'elles leur donneront assez de confiance pour oser essayer de nouveaux aliments et ultimement, créer leurs propres plats.

Pour commencer, j'ai sélectionné des recettes qui plairont aux jeunes et aux moins jeunes. J'ai découvert que plusieurs enfants aiment les boulettes de viande et dans ce chapitre, les boulettes de poulet sont plus légères et plus savoureuses pour eux ; servies avec les orecchiettes, elles sont tout simplement amusantes à manger. Les enfants comme les adultes aiment la pizza et le pâté au poulet, j'ai alors combiné les deux dans un ramequin rempli de bonnes choses, avec une croûte au fromage facile à préparer. Quelle que soit la recette que vous choisirez, le plaisir est garanti.

Crevettes recouvertes d'une croûte de polenta avec moutarde au miel

La croûte de polenta sur ces crevettes leur donne une apparence de coquillage qui les rend tout simplement irrésistibles. Je les aime avec une trempette de moutarde au miel ; si vous voulez les vôtres avec une sauce marinara ou même avec du ketchup, vous avez ma permission. Ne vous en faites pas pour le paprika; il donne un peu de couleur, mais il n'est pas piquant.

4 à 6 portions

Crevettes recouvertes d'une croûte de polenta
- Enduit végétal en vaporisateur
- 125 ml (½ tasse) de farine tout usage
- 2 œufs battus
- 375 ml (1½ tasse) de polenta fine
- 10 ml (2 c. à thé) de paprika doux
- 450 g (1 lb) de grosses crevettes, décortiquées et déveinées, avec la queue
- Sel casher, pour saupoudrer

Sauce moutarde au miel
- 125 ml (½ tasse) de moutarde de Dijon
- 30 ml (2 c. à soupe) de yogourt nature
- 75 ml (5 c. à soupe) de miel

Pour préparer les crevettes, placer la grille au milieu du four et le préchauffer à 240 °C (475 °F). Vaporiser généreusement une plaque à pâtisserie d'enduit végétal.

Mettre la farine dans un petit bol. Verser les œufs battus dans un autre petit bol. Mélanger la polenta et le paprika dans un bol moyen. Rouler les crevettes dans la farine. Tremper dans les œufs, puis enduire du mélange de polenta.

Placer les crevettes sur la plaque à pâtisserie préparée à cet effet. Cuire de 10 à 12 minutes, jusqu'à ce qu'elles soient croustillantes et dorées. Saupoudrer de sel casher.

Pour préparer la sauce, combiner les ingrédients de la sauce moutarde au miel dans un petit bol, et brasser jusqu'à ce que le mélange soit lisse. Servir les crevettes avec la sauce dans de petits plats pour tremper.

Bâtonnets de poisson au parmesan

Même les enfants qui n'aiment généralement pas le poisson ont tendance à aimer le saumon – et ils l'aiment davantage lorsqu'il est recouvert d'une croûte au goût de fromage. Laissez-les préparer la trempette et la panure pour gagner du temps. Les bâtonnets de poisson peuvent aussi être trempés dans le ketchup, la sauce marinara, le pesto, la sauce Ranch ou la vinaigrette si vous préférez.

4 à 6 portions

Bâtonnets de poisson
- 1 filet de 500 g (18 oz) de saumon sans la peau, d'environ 23 x 10 cm (9 x 4 po)
- 125 ml (½ tasse) de farine tout usage
- 2,5 ml (½ c. à thé) de sel
- 1,25 ml (¼ c. à thé) de poivre noir fraîchement moulu
- 3 blancs d'œufs
- 250 ml (1 tasse) de parmesan fraîchement râpé
- 250 ml (1 tasse) de chapelure assaisonnée
- Huile d'olive, pour la cuisson

Trempette
- 80 ml (⅓ tasse) de mayonnaise à faible teneur en gras
- 80 ml (⅓ tasse) de yogourt nature à faible teneur en gras
- 15 ml (1 c. à soupe) de moutarde de Dijon
- 15 ml (1 c. à soupe) de persil plat frais ou de ciboulette, hachés

Préchauffer le four à 230 °C (450 °F).

Pour préparer les bâtonnets de poisson,
rincer les filets de saumon et les éponger avec un essuie-tout. Couper le poisson en 2 pour en faire deux filets, chacun d'environ 10 x 12 cm (4 x 4¼ po). Sur le côté le plus long, couper des lanières de 1 cm (½ po). Couper les lanières en 2 horizontalement pour que tous les morceaux mesurent environ 1 x 1 x 12 cm (½ x ½ x 4½ po).

Mettre la farine dans un bol moyen, et assaisonner avec le sel et le poivre. Placer les blancs d'œufs dans un autre bol, et les battre jusqu'à ce qu'ils soient mousseux, environ 30 secondes. Combiner le parmesan et les miettes de pain dans un troisième bol.

Enrober les filets de saumon de farine assaisonnée et les secouer pour en enlever l'excès. Les tremper dans les blancs d'œufs puis dans le mélange de chapelure, en la pressant délicatement sur le saumon. Placer le saumon pané sur une plaque à pâtisserie bien huilée, et y verser en filet de l'huile d'olive. Cuire pendant 15 à 20 minutes, ou jusqu'à ce qu'il soit bien doré.

Pour préparer la trempette,
mélanger la mayonnaise, le yogourt, la moutarde de Dijon et le persil (ou la ciboulette, si utilisée) dans un petit plat.

Disposer les bâtonnets de poisson dans une assiette, et servir avec la trempette.

Petits calzones

Les calzones sont beaucoup plus populaires en Italie qu'ici, mais ils sont parfaits pour les enfants et un peu plus faciles à manger qu'une pointe de pizza traditionnelle. Chaque calzone est comme une petite surprise ; mettez tout ce que vous aimez à l'intérieur. Laissez les enfants les remplir, les rouler et les sceller avant de les mettre au four.

Donne 16 calzones ; 4 à 6 portions

- 15 ml (1 c. à soupe) d'huile d'olive
- 225 g (8 oz) de saucisses de dinde italiennes
- 250 ml (1 tasse) de roquette pressée, environ 30 g (1 oz)
- 125 ml (4 oz) de fromage à la crème, à la température ambiante
- 80 ml (⅓ tasse) plus 60 ml (¼ tasse) de parmesan fraîchement râpé
- 2,5 ml (½ c. à thé) de sel
- 1,25 ml (¼ c. à thé) de poivre noir fraîchement moulu
- 1 tube de 380 g (13,5 oz) de pâte à pizza réfrigérée
- Farine tout usage, pour rouler la pâte
- 1 œuf, battu (pour la dorure)
- 375 ml (1½ tasse) de sauce marinara, achetée ou faite maison (page 144)

Dans une poêle moyenne à fond épais, chauffer l'huile d'olive à feu moyen-vif. Ajouter les saucisses et les cuire jusqu'à ce qu'elles soient émiettées et brunies, environ 5 minutes. Ajouter la roquette et cuire jusqu'à ce qu'elle soit tombée. Fermer le feu, et laisser refroidir pendant environ 10 minutes. Ajouter le fromage à la crème, 80 ml (⅓ tasse) du parmesan, le sel et le poivre, et bien mélanger. Réserver.

Préchauffer le four à 200 °C (400 °F). Tapisser une plaque à pâtisserie avec du papier parchemin.

Rouler la pâte à pizza sur une surface légèrement farinée en un rectangle de 50 x 30 cm (20 x 12 po). Couper le rectangle en 2 dans le sens de la longueur, puis couper chaque moitié en 8 rectangles égaux.

À l'aide d'une cuillère, verser de la garniture sur chaque rectangle. À l'aide d'un pinceau, humecter les bords des rectangles avec l'œuf. À l'aide d'une fourchette, sceller et pincer les bords. Placer les calzones sur la plaque à pâtisserie préparée à cet effet, et badigeonner le dessus de chacun avec l'œuf. Saupoudrer des 60 ml (¼ tasse) restants de parmesan. Cuire jusqu'à ce qu'ils soient dorés, de 15 à 17 minutes.

Pendant ce temps, chauffer la sauce marinara dans une poêle moyenne à feu doux. Servir les calzones chauds avec la sauce marinara en accompagnement pour tremper.

Roulés au prosciutto et à la mozzarella

Normalement, je fais cette recette en un gros rouleau, car il est vraiment impressionnant lorsqu'il sort du four et que vous le coupez en tranches ; mais si les enfants vous aident, pourquoi ne pas faire 4 rouleaux individuels ? De cette façon, chacun peut le garnir à son goût. Laissez à un adulte le soin de couper les rouleaux chauds, car le fromage fondant est très chaud.

6 à 8 portions

Farine, pour saupoudrer
450 g (1 lb) de pâte à pizza achetée
500 ml (2 tasses) de fromage mozzarella râpé
200 g (7 oz) de prosciutto finement tranché
250 ml (1 tasse) de jeunes épinards grossièrement hachés (environ 45 g [1½ oz])
15 ml (1 c. à soupe) d'huile d'olive
Sel casher, et poivre noir fraîchement moulu

Préchauffer le four à 220 °C (425 °F) et positionner la grille au tiers inférieur du four. Tapisser une plaque à pâtisserie de papier parchemin.

Sur une surface de travail légèrement farinée, rouler la pâte à pizza en un cercle de 30 à 35 cm (12 à 14 po), d'une épaisseur de 1 cm (½ po). Étendre la moitié de la mozzarella sur la pâte. Déposer le prosciutto sur le fromage en une couche simple. Étendre les épinards, et couvrir avec le reste du fromage.

Rouler la pâte en un petit cylindre et rentrer légèrement les bouts. Badigeonner tout le rouleau avec l'huile d'olive, et assaisonner avec le sel et le poivre. Placer la pâte sur la plaque à pâtisserie, le joint vers le bas, et cuire pendant 25 minutes, ou jusqu'à ce que le dessus soit bien doré.

Laisser refroidir le rouleau de 3 à 4 minutes puis, à l'aide d'un couteau dentelé, couper des tranches de 2 cm (¾ po) d'épaisseur.

Orecchiettes avec petites boulettes de poulet

C'est un plat idéal pour qu'enfants et parents travaillent ensemble. Laissez aux enfants le soin de rouler les petites boulettes de viande pendant que vous les faites sauter et que vous faites le travail nécessitant un couteau. À la fin, chacun peut participer à la tâche de brasser les pâtes, les boulettes de viande, le fromage et les tomates ensemble.

4 à 6 portions

- 450 g (1 lb) d'orecchiettes
- 60 ml (¼ tasse) de chapelure
- 60 ml (¼ tasse) de persil plat frais, haché
- 2 gros œufs légèrement battus
- 15 ml (1 c. à soupe) de lait entier
- 15 ml (1 c. à soupe) de ketchup
- 190 ml (¾ tasse) de fromage romano fraîchement râpé
- 3,5 ml (¾ c. à thé) de sel
- 3,5 ml (¾ c. à thé) de poivre noir fraîchement moulu
- 450 g (1 lb) de poulet haché
- 60 ml (¼ tasse) d'huile d'olive
- 375 ml (1½ tasse) de bouillon de poulet à faible teneur en sodium
- 1 l (4 tasses) de tomates cerises, coupées en 2
- 250 ml (1 tasse) de parmesan fraîchement râpé
- 225 g (8 oz) de bocconcini (petites boules de mozzarella), coupé en 2
- 250 ml (1 tasse) de feuilles de basilic frais, hachées

Porter à ébullition de l'eau salée dans une grande casserole, à feu vif. Ajouter les pâtes, et faire cuire jusqu'à ce qu'elles soient tendres mais fermes sous la dent, en brassant de temps à autre, de 8 à 10 minutes.

Dans un bol moyen, incorporer la chapelure, le persil, les œufs, le lait, le ketchup, le romano, le sel et le poivre. Ajouter le poulet et bien mélanger. À l'aide d'une cuillère parisienne (ou d'une cuillère à mesurer de 5 ml [1 c. à thé]) pour prendre le mélange, rouler le poulet assaisonné en petites boules de 2 cm (¾ po).

Chauffer l'huile dans une grande poêle à feu moyen-vif. En travaillant par lots, ajouter les boulettes, et cuire sans les bouger jusqu'à ce qu'elles soient brunies dessous, environ 2 minutes. Les tourner et faire dorer pendant 2 minutes de plus. Ajouter le bouillon de poulet et les tomates, et porter à ébullition, et, à l'aide d'une cuillère de bois, gratter le fond pour en enlever les particules qui y ont adhéré. Réduire à feu doux, et laisser mijoter jusqu'à ce que les tomates aient ramolli et que les boulettes soient bien cuites, environ 5 minutes.

Égoutter les pâtes en réservant 250 ml (1 tasse) d'eau de cuisson. Les transférer dans un grand bol de service, et ajouter 125 ml (½ tasse) de parmesan. Remuer pour enrober légèrement les pâtes, et ajouter un peu de l'eau réservée pour faire la sauce. Ajouter le mélange de boulettes, le bocconcini et 125 ml (½ tasse) du basilic, et mélanger. Garnir avec les 125 ml (½ tasse) restants du parmesan et le reste du basilic.

Fusillis *alla Caprese*

Si vous aimez la salade caprese, mais que vous désirez quelque chose de plus consistant, cette recette vous plaira. Les pâtes chaudes font fondre le fromage légèrement, et font que l'ail et le basilic dégagent un arôme exceptionnel. D'après mon expérience, les enfants *adorent* cette recette.

4 à 6 portions

- 450 g (1 lb) de fusillis
- 45 ml (3 c. à soupe) d'huile d'olive
- 2 gousses d'ail, émincées
- 750 ml (3 tasses) de tomates cerise, coupées en quartiers, environ 1,5 l (6 tasses)
- 5 ml (1 c. à thé) de sel
- 2,5 ml (½ c. à thé) de poivre noir fraîchement moulu
- 125 ml (½ tasse) de feuilles de basilic frais, tassées et hachées
- 225 g (8 oz) de mozzarella fraîche, coupée en dés, environ 310 ml (1¼ tasse)

Porter à ébullition de l'eau salée dans une grande casserole, à feu vif. Ajouter les pâtes, et faire cuire jusqu'à ce qu'elles soient tendres mais encore fermes sous la dent, en brassant de temps à autre, de 8 à 10 minutes. Réserver 125 ml (½ tasse) d'eau de cuisson des pâtes, puis égoutter et transférer dans un grand bol.

Pendant ce temps, chauffer l'huile d'olive à feu moyen dans une poêle moyenne. Ajouter l'ail et faire sauter jusqu'à ce qu'il dégage son arôme, environ 2 minutes. Ajouter les tomates, le sel et le poivre. Pendant que les tomates cuisent et ramollissent, les écraser à l'aide d'une fourchette. Continuer la cuisson jusqu'à l'obtention d'une sauce avec des morceaux, environ 4 minutes. Ajouter la sauce aux tomates dans le bol qui contient les pâtes, et remuer pour mélanger. Incorporer les feuilles de basilic et la mozzarella, puis ajouter l'eau réservée à raison de 60 ml (¼ tasse) à la fois, jusqu'à ce que les pâtes soient humectées. Servir.

Orzo aux saucisses, aux poivrons et aux tomates

Je pense toujours aux plats préparés avec des petites pâtes pour les enfants, parce qu'ils sont faciles à prendre avec une cuillère — pas besoin de tourner ! Ce plat fait plaisir à tout le monde et satisfait les enfants de tous les âges. Il s'adapte à tous les goûts ; si vos enfants n'aiment pas les poivrons, laissez-les de côté et ajoutez plus de tomates. Omettez les piments si vous ne voulez pas que ce soit épicé ; n'hésitez pas à utiliser n'importe quelle sorte de saucisse que votre famille aime.

4 à 6 portions

- 750 ml (3 tasses) de bouillon de poulet
- 450 g (1 lb) d'orzo
- 30 ml (2 c. à soupe) d'huile d'olive
- 2 bouts de saucisses de dinde italienne douce, 200 g (7oz) au total, les enveloppes enlevées
- 1 gousse d'ail, émincée
- 2 pots de poivrons rouges rôtis, coupés en lanières de 0,5 cm (¼ po)
- 2 tomates oblongues, hachées
- 1,25 ml (¼ c. à thé) de flocons de piment rouge (facultatif)
- 30 ml (2 c. à soupe) de feuilles de persil plat frais, hachées
- Sel, et poivre noir fraîchement moulu
- 125 ml (½ tasse) de parmesan fraîchement râpé

Dans une grande casserole à feu vif, porter à ébullition le bouillon de poulet et 750 ml (3 tasses) d'eau. Ajouter les pâtes, et cuire jusqu'à ce qu'elles soient tendres mais fermes sous la dent, en brassant de temps à autre, de 8 à 10 minutes.

Pendant la cuisson des pâtes, chauffer l'huile à feu moyen-vif dans une grande poêle. Ajouter les saucisses à la dinde, et faire sauter jusqu'à ce qu'elles soient cuites, environ 4 minutes. Ajouter l'ail et cuire 1 minute. Ajouter les poivrons, les tomates et les flocons de piment rouge (si utilisés), et cuire jusqu'à ce que le tout soit bien chaud, environ 2 minutes.

Égoutter les pâtes en réservant 125 ml (½ tasse) d'eau de cuisson, et transférer dans un grand bol de service. Ajouter le mélange de saucisses, 15 ml (1 c. à soupe) du persil, et le sel et le poivre, au goût. Remuer pour mélanger, et ajouter l'eau réservée si nécessaire, pour humecter les pâtes. Garnir avec le parmesan et saupoudrer du reste du persil.

Pâtés à la pizza

Voici ma version du pâté au poulet, avec mon coup d'éclat : je remplace la croûte traditionnelle du dessus par une croûte à pizza. Cette recette peut être faite autant pour les adultes que pour les enfants : utilisez un grand ramequin pour les adultes et servez-le avec une salade en accompagnement ; ou utilisez des petits ramequins pour les enfants et servez-les avec des bâtonnets de légumes ou même des frites.

6 portions

Sauce aux tomates

- 15 ml (1 c. à soupe) d'huile d'olive
- 2 gousses d'ail, émincées
- 5 ml (1 c. à thé) de feuilles de romarin frais, émincées
- 60 g (2 oz) de pancetta coupée en dés
- 1 conserve de 975 ml (28 oz) de tomates broyées
- 1,25 ml (¼ c. à thé) de sel
- 1,25 ml (¼ c. à thé) de poivre noir fraîchement moulu

Pâtés à la pizza

- 750 ml (3 tasses) de Sauce aux tomates (voir ci-dessus)
- 450 gr (2 tasses) de poulet rôti (acheté), coupé en dés
- 450 ml (2 tasses) de brocoli, coupé en morceaux de la grosseur d'une bouchée
- 375 ml (1½ tasse) de fromage mozzarella coupé en dés
- 2,5 ml (½ c. à thé) de sel
- 1,25 ml (¼ c. à thé) de poivre noir fraîchement moulu
- 675 g (1½ lb) de pâte à pizza achetée
- 80 ml (⅓ tasse) d'huile d'olive
- 90 ml (6 c. à soupe) de parmesan fraîchement râpé

Équipement nécessaire : 6 ramequins de 285 g (10 oz) chacun.

Pour préparer la sauce aux tomates, faire chauffer l'huile d'olive dans une petite casserole, à feu moyen. Ajouter l'ail, le romarin et la pancetta, et faire sauter jusqu'à ce que la pancetta soit croustillante et dorée, environ 5 minutes. Ajouter les tomates, remuer pour mélanger, et laisser mijoter à feu très doux pendant 15 minutes. Ajouter le sel et le poivre. Réserver.

Pour préparer les pâtés à la pizza, préchauffer le four à 200 °C (400 °F). Dans un grand bol, combiner la sauce aux tomates, le poulet, le brocoli, la mozzarella, le sel et le poivre. Remuer pour mélanger. Répartir également le mélange de poulet dans les 6 ramequins de 275 g (10 oz). Rouler la pâte à pizza à une épaisseur de 1 à 2 cm (½ à ¾ po), et à l'aide d'un couteau d'office, couper des cercles de 2,5 cm (1 po) plus grands que le diamètre des ramequins. Déposer un cercle de pâte sur chaque ramequin déjà rempli, et presser pour bien sceller, en vous assurant que la pâte dépasse les bords des ramequins. Badigeonner les croûtes de pizza avec de l'huile d'olive et saupoudrer de parmesan. À l'aide du couteau d'office, faire une petite incision sur le dessus de chaque croûte. Cuire jusqu'à ce que la croûte soit dorée, environ 25 minutes. Enlever du four, et laisser refroidir un peu avant de servir.

Pilons de poulet sucrés et collants

Les enfants ne seront pas seuls à se lécher les doigts lorsque vous servirez ce plat. Ma mère préparait un plat similaire quand j'étais petite, et nous n'en avions jamais assez ; les restes devenaient ma collation favorite après l'école. Je les mangeais froids, directement du réfrigérateur. Le romarin et l'ail se font discrets, mais donnent une saveur un peu plus complexe, et le fait de badigeonner les pilons déjà cuits avec la marinade réduite intensifie davantage les saveurs.

4 à 6 portions

- 125 ml (½ tasse) de vinaigre balsamique
- 125 ml (½ tasse) de miel
- 125 ml (½ tasse) de cassonade pâle, tassée
- 60 ml (¼ tasse) de sauce soja
- 5 brins de romarin frais
- 5 gousses d'ail, coupées en 2
- 10 à 12 pilons de poulet
- 30 ml (2 c. à soupe) de graines de sésame grillées
- 60 ml (¼ tasse) de feuilles de persil plat frais, hachées

Combiner le vinaigre balsamique, le miel, la cassonade, la sauce soja, les brins de romarin et l'ail dans un grand sac de plastique refermable. Brasser vigoureusement, et presser le contenu du sac afin de dissoudre le miel et la cassonade. Ajouter les pilons de poulet et fermer hermétiquement en faisant sortir l'air du sac le plus possible. Faire mariner au réfrigérateur pendant 2 heures.

Préchauffer le four à 230 °C (450 °F). Tapisser une plaque à pâtisserie avec rebord avec du papier d'aluminium.

Enlever les pilons de poulet du sac, réserver la marinade, et les disposer sur la plaque à pâtisserie préparée à cet effet. Cuire jusqu'à ce que la peau soit caramélisée et très foncée à certains endroits, de 30 à 35 minutes.

Pendant ce temps, verser la marinade dans une petite casserole. Porter à ébullition, puis réduire le feu, et laisser mijoter jusqu'à ce qu'elle épaississe, environ 15 minutes.

À l'aide d'un pinceau, badigeonner le poulet cuit avec la marinade. Disposer le poulet dans un plat à service. Saupoudrer de graines de sésame et de persil haché.

Petits gâteaux au mascarpone glacés aux fraises

Préparez-en pour le prochain thé de votre petite fille ; ils sont jolis et tellement faciles à faire. Ou n'hésitez pas à les faire dans des moules à muffins ordinaires, en augmentant le temps de cuisson d'environ 5 minutes.

Donne 48 petits gâteaux

- 225 g (8 oz) de fromage mascarpone, à la température ambiante
- 2 blancs d'œufs
- 60 ml (¼ tasse) d'huile végétale
- 1 boîte de préparation pour gâteau blanc
- 80 ml (⅓ tasse) de fraises surgelées, décongelées et égouttées
- 625 ml (2½ tasses) de sucre glace

Préchauffer le four à 180 °C (350 °F). Mettre des moules de papier dans 4 mini moules à muffins (pour un total de 48 muffins).

Dans un grand bol, combiner le mascarpone, les blancs d'œufs et l'huile végétale. En utilisant un batteur électrique à main, battre les ingrédients jusqu'à ce qu'ils deviennent homogènes et crémeux. Ajouter la préparation pour gâteau avec 250 ml (1 tasse) d'eau, et mélanger jusqu'à ce que ce soit lisse, environ 3 minutes. Remplir les moules à muffins presque jusqu'au bord, et cuire jusqu'à ce qu'ils gonflent et soient dorés, de 18 à 20 minutes. Retirer du four, et laisser refroidir légèrement dans les moules, puis transférer les petits gâteaux sur une grille pour qu'ils refroidissent complètement.

Pendant ce temps, réduire les fraises en purée à l'aide d'un mélangeur ou d'un petit robot culinaire. Tamiser le sucre glace et le mettre dans un bol moyen. Ajouter la purée de fraises et fouetter jusqu'à ce que ce soit lisse. Tremper le dessus des petits gâteaux dans le glaçage aux fraises. Laisser reposer quelques minutes pour donner le temps au glaçage de durcir, puis servir.

Fruits d'été grillés

Placez les fruits sur une brochette et laissez vos enfants les saupoudrer de sucre. Lorsque les brochettes grillent, le sucre se caramélise et forme une délicieuse croûte sucrée ; mais vous savez que ce dessert est quand même très santé, car il est composé surtout de fruits. Vous pouvez utiliser des abricots et des pêches au lieu des fruits suggérés.

6 portions

Enduit antiadhésif
3 nectarines, fermes mais mûres, coupées en 2 et dénoyautées
3 prunes pourpres ou noires, fermes mais mûres, coupées en 2 et dénoyautées
3 prunes rouges, fermes mais mûres, coupées en 2 et dénoyautées
45 ml (3 c. à soupe) de sucre

Équipement nécessaire : 6 brochettes de métal, ou des brochettes en bois assez épaisses, trempées dans l'eau pendant 30 minutes

Vaporiser la grille avec un enduit antiadhésif et faire chauffer le barbecue à feu moyen-vif. Enfiler un morceau de chaque fruit sur chacune des 6 brochettes de façon à ce que les côtés coupés soient tous alignés et à plat. Saupoudrer le sucre sur le côté coupé des fruits. Laisser reposer jusqu'à ce que le sucre se dissolve, environ 10 minutes.

Placer les brochettes sur le gril, les côtés coupés en dessous. Faire griller les fruits jusqu'à ce qu'ils soient bien chauds et caramélisés, en les retournant 1 fois, environ 5 minutes.

Quatre-quarts aux pépites de chocolat

Un peu de mascarpone dans la pâte donne à ce gâteau un goût légèrement acidulé et le garde moelleux, ce qui en fait un bon candidat pour la congélation. J'en garde toujours un au congélateur, et lorsque les enfants viennent nous visiter, je le décongèle et le sers avec des fraises et une sauce au chocolat comme trempette.

Donne 2 quatre-quarts

- 160 ml (5 oz) de chocolat non sucré, haché
- 80 ml (⅓ tasse) de mascarpone, à la température ambiante
- 560 ml (2¼ tasses) de sucre
- 250 ml (1 tasse) d'huile végétale
- 3 gros œufs
- 15 ml (1 c. à soupe) d'essence de vanille pure
- 750 ml (3 tasses) de farine tout usage
- 5 ml (1 c. à thé) de bicarbonate de soude
- 5 ml (1 c. à thé) de sel
- 2,5 ml (½ c. à thé) de levure chimique
- 190 ml (¾ tasse) de pépites de chocolat mi-sucré

Sauce au chocolat maison

- 250 ml (1 tasse) de pépites de chocolat mi-sucré
- 165 ml (⅔ tasse) de crème à fouetter riche en matière grasse
- 2,5 ml (½ c. à thé) d'essence de vanille pure

Placer la grille au centre du four et le préchauffer à 170 °C (325 °F). Beurrer et fariner 2 moules à pain de 23 x 13 cm (9 x 5 po).

Dans une petite casserole, combiner le chocolat non sucré avec 250 ml (1 tasse) d'eau. Placer sur un feu moyen-doux, et brasser constamment, jusqu'à ce que le chocolat soit fondu, environ 2 minutes. Laisser refroidir 2 minutes, puis ajouter le mascarpone en fouettant, jusqu'à ce que le mélange soit onctueux.

Dans un grand bol, battre le sucre, l'huile, les œufs et la vanille pendant 30 secondes. Ajouter le mélange de chocolat-mascarpone en brassant. Dans un bol moyen, mélanger la farine, le bicarbonate de soude, le sel, la levure chimique et les pépites de chocolat. Ajouter les ingrédients secs aux ingrédients liquides et mélanger.

Diviser le mélange entre les moules à pain déjà préparés à cet effet, et faire cuire de 55 à 60 minutes, ou jusqu'à ce qu'un testeur inséré au milieu de chaque pain en ressorte propre. Laisser refroidir dans les moules pendant 5 minutes, puis les retourner sur une grille pour qu'ils refroidissent complètement. (Si vous planifiez congeler les gâteaux, bien les envelopper dans l'aluminium lorsqu'ils sont complètement froids.)

Pour préparer la sauce, placer les pépites de chocolat dans un petit bol à l'épreuve de la chaleur. Combiner la crème riche en matière grasse et l'essence de vanille dans une petite casserole, et chauffer à feu moyen-doux, jusqu'à ce que des petites bulles commencent à se former sur les côtés. Verser le mélange de crème chaude sur les pépites de chocolat. Brasser avec une fourchette jusqu'à ce que le chocolat soit fondu et que le mélange soit homogène.

Verser la sauce au chocolat en filet sur le gâteau et réfrigérer de 15 à 20 minutes pour que cette dernière durcisse un peu. Ramener à la température ambiante avant de servir.

La cuisine de Giada

(Pas) seulement pour les enfants

Glace italienne

J'ai préparé cette recette avec la fille d'une de mes amies pour une collecte de fonds pour son école, et la recette a eu un succès fou. La fille de mon amie m'a aidée à concasser la glace avec un rouleau à pâte, à la ramasser à l'aide d'une cuillère et à l'arroser de sirop. Nous avons utilisé un sirop à saveur de framboise parce que nous aimons sa couleur, mais vous pouvez choisir la saveur de votre choix.

Servez-les avec les Petits gâteaux au mascarpone (page 221) et les carrés de Quatre-quarts aux pépites de chocolat (page 224) et vous aurez un délicieux goûter de desserts pour les enfants, ou une merveilleuse recette pour une vente de pâtisseries.

10 à 12 portions

- 750 ml (3 tasses) de sirop de framboises
- Zeste de 1 citron
- 190 ml (¾ tasse) de jus de citron fraîchement pressé
- 60 ml (¼ tasse) de feuilles de menthe fraîche, finement hachées
- 2,25 kg (5 lb) de glace (environ 6 plateaux à glaçons)

Combiner le sirop, le zeste et le jus de citron, et la menthe dans un petit pichet. Réfrigérer jusqu'à ce que ce soit froid.

Travaillant en lots, placer la glace dans un sac en plastique épais refermable, et la concasser à l'aide d'un maillet ou d'un rouleau à pâte. Placer la glace concassée de 500 à 750 ml (de 2 à 3 tasses) à la fois dans un robot culinaire, et la hacher finement. (Vous pouvez la conserver au congélateur dans un grand sac de plastique refermable jusqu'à une journée.)

Placer 375 ml (1½ tasse) de glace concassée dans chaque verre. Verser de 45 à 60 ml (3 à 4 c. à soupe) de mélange de sirop sur chaque verre de glace, et servir immédiatement.

(Pas) seulement pour les enfants

Menus

FÊTES D'ANNIVERSAIRES POUR ENFANTS
Petits calzones
Brochettes de tomates, de pastèque et de basilic
Crevettes recouvertes d'une croûte de polenta avec moutarde au miel
Petits gâteaux au mascarpone glacés aux fraises

APRÈS-SKI
Café américain épicé avec crème fouettée à la cannelle
Soupe consistante aux tomates avec citron et romarin
Croissant panini
Gâteau à la semoule de maïs et au romarin avec sirop balsamique

DÎNER
Strata de tomates fraîches et de fromage de chèvre avec huile aux fines herbes
Saltimbocca de côtelettes de veau
Gratin d'artichauts
Semifreddo aux agrumes

PIQUE-NIQUE ITALIEN
Salade de farro à la méditerranéenne
Panini au thon et aux artichauts avec tartinade de pois chiches
Pilons de poulet sucrés et collants
Biscotti au chocolat et aux noisettes

BRUNCH
Frittata de prosciutto et de linguines
Strata de baies
Bellinis à la grenade et aux canneberges

JOURNÉE SPORTIVE
Roulés au prosciutto et à la mozzarella
Sandwich au poulet et au cari avec radicchio et pancetta
Champignons style toscan
Zeppole à l'orange et au chocolat

DÉJEUNER ENTRE AMIES
Salade de cantaloup, d'oignon rouge et de noix de Grenoble
Saumon avec pâte feuilletée et pesto
Granité aux fraises et au mascarpone

BARBECUE ESTIVAL
Salade de fregola avec citron frais et oignon rouge
Hamburger d'agneau et de prosciutto
Poulet à la sauce balsamique barbecue
Fruits d'été grillés

ALIMENTS RÉCONFORTANTS EN HIVER
Soupe à l'ail et aux haricots blancs de Toscane
Rigatonis à la courge et aux crevettes
Haricots verts et chou vert frisé épicés au parmesan
Panna cotta au chocolat avec crème fouettée à l'Amaretto

COCKTAIL
Martini aux pommes et au thym
Craquelins au pecorino
Panini au chocolat avec brie
Pecorino romano avec pommes et confiture de figues

DÎNERS DE SEMAINE
Ragoût d'agneau à la menthe
Courgettes et pommes de terre grillées avec croûte au parmesan
Ricotta au cappuccino

BUFFET DE PÂTES
Orecchiettes avec petites boulettes de poulet
Orzo cuit avec fontina et pois verts
Timbales d'aubergines
Poivrons farcis à l'orzo
Gâteau à l'amaretti

DÎNERS DU DIMANCHE
Risotto au citron
Osso buco à la dinde
Gâteau croquant aux noisettes avec mascarpone et chocolat

ÉLÉGANT DÎNER VÉGÉTARIEN
Mozzarella fumée croustillante avec figues et miel
Asperges, artichauts et champignons sautés avec vinaigrette à l'estragon
Poivrons farcis à l'orzo
Mousse au chocolat et à l'expresso avec crème fouettée à l'orange et au mascarpone

DÉBUT DE PRINTEMPS
Soupe prosciutto et melon
Saumon avec brodetto au citron et purée de pois
Craquelins au pecorino
Quatre-quarts à l'orange et à la ricotta avec fraises

SOIRÉE DE CINÉMA
Muffins au maïs, à l'ail et aux tomates séchées au soleil
Ragoût de calmar épicé avec rôties à l'ail
Salade verte
Quatre-quarts aux pépites de chocolat

REPAS DU MARCHÉ
Crudi d'asperges et de courgettes
Salade estivale à la romaine
Linguines au blé entier avec haricots verts, ricotta et citron ou Espadon poché dans l'huile d'olive avec pesto au rapini
Strata de baies

BON POUR VOUS
Soupe à l'ail et aux haricots blancs de Toscane
Spaghettis au blé entier avec citron, basilic et saumon
Salade d'aubergines grillées au chèvre
Fruits frais

Remerciements

Pour m'avoir aidée à écrire ce livre de cuisine et lui avoir donné vie, je remercie très sincèrement ces personnes extraordinaires et talentueuses :

À Tina Rupp et à son assistante, Elizabeth Drago, un merci tout spécial pour les magnifiques photos. Allison Attenborough et son assistante, Mariana Velasquez, et Liza Jernow et son assistante, Rebecca Lukezic, pour avoir donné une apparence très appétissante à mes plats. Theresa Stastny, Rick Corcoran, Deborah Williams et Ivone Moutela, pour leur travail ardu et leurs accessoires d'experts.

Andy Sheen-Turner et Katrina Norwood, pour leur optimisme soutenu et leur attitude positive dans l'expérimentation des recettes. Pam Krauss, mon éditrice géniale, qui m'a permis de devenir une meilleure écrivaine. Et mille mercis à Rae Umsted et Robin Turk, qui ont rendu possibles les prises de vue, et également à Elaine et John Rabuchin, qui nous ont permis d'utiliser leur somptueuse demeure.

Pour tous ceux et celles qui m'ont toujours supportée : Suzanne Gluck, Jon Rosen, Eric Greenspan et Sandra Tripicchio, sans qui je ne pouvais pas être à trois endroits en même temps !

Enfin, à mon mari, Todd, pour son support, son amour et sa compréhension. Ce périple n'aurait pas été le même sans toi !

Au Food Network, pour m'avoir donné la chance de partager mon amour de la cuisine italienne et de ma famille avec teeellement de gens. Bob Truschman, qui m'a fait entrer dans la grande famille du Food Network et qui, depuis le début, a toujours cru en moi — mille mercis. Irene Wong, qui, en plus d'être ma productrice (*Everyday Italian*), est devenue une excellente amie — merci à toi pour ton travail ardu et ton dévouement. Et un GROS merci à toute l'équipe d'*Everyday Italian* pour son travail soutenu, et pour avoir rendu mon travail si agréable.

Crédits

Des remerciements spéciaux sont adressés aux fournisseurs suivants pour leur générosité :

Anthropologie
Gourmet Settings
Crate & Barrel
Krups
Le Creuset
LP Laboratorio

Peugeot
Sur la Table
Table Art
Virtu
West Elm
Williams Sonoma

Index

Note : les numéros de pages en italique indiquent qu'il y a des photos.

Agneau :
    Hamburger d', et de prosciutto, *142*, 143
    Lasagne aux asperges, *104*, 105
    Ragoût d', à la menthe, 144, *145*
Ail :
    Longe de porc rôtie avec vinaigrette à l', 159
    Muffins au maïs, à l', et aux tomates séchées au soleil, *30-31*, 32
    Ragoût de calmar épicé avec rôties à l', 48, *49*
    rôti, 159
    Rôties à l', 48
    Soupe à l', et aux haricots blancs de Toscane, *45*, 46
    Vinaigrette à l', rôti, 159
Aïoli au basilic, 115
Amande(s) :
    Gâteau aux, aux pignons et à l'abricot, *184*, 185
    Muffins à l'huile d'olive, 33
Amaretto :
    Boisson frappée à l', et aux framboises, 67
    Panna cotta au chocolat avec crème fouettée à l', 174, *175*
    Sour avec Prosecco, 39
Antipasti et entrées :
    Brochettes de tomates, de pastèque et de basilic, *24*, 25
    Bruschetta à la méditerranéenne, 22
    Champignons style toscan, 23
    Craquelins au pecorino, *34*, 35
    Crostata avec champignons et pancetta, 28-29
    Crostata avec pommes, noix de Grenoble et gorgonzola, 29
    Gâteau au fromage et aux poivrons rouges, 18, *19*
    Mozzarella fumée croustillante avec figues et miel, *26*, *27*
    Muffins à l'huile d'olive, 33
    Muffins au maïs, à l'ail et aux tomates séchées au soleil, *30-31*, 32
    Pecorino romano avec pommes et confiture de figues, *20*, 21
    Risotto au citron, 121
    Strata de tomates fraîches et de fromage de chèvre avec huile aux fines herbes, 16, *17*

Artichaut(s) :
    Asperges, et champignons sautés avec vinaigrette à l'estragon, 93
    au four avec gorgonzola et fines herbes, 94, *95*
    Crevettes grillées avec bouillon d', et de tomates, 162
    Gratin d', 92
    Panini au thon et aux, avec tartinade de pois chiches, 60
Asperge(s) :
    artichauts et champignons sautés avec vinaigrette à l'estragon, 93
    Carbonara de Giada, *114*, 115
    Crudi d', et de courgettes, 78, *79*
    Lasagne aux, *104*, 105
Aubergine(s) :
    Pennes avec purée d', 130
    Salade d', grillées au chèvre, 76
    Timbales d', 106, *107-109*

Bacon. Voir Pancetta.
Baies. Voir aussi les baies spécifiques.
    Strata de, *192*, 193
Basilic :
    Aïoli au, 115
    Brochettes de tomates, de pastèque et de, *24*, 25
    Fusillis *alla Caprese*, *212*, 213
    Huile aux fines herbes, 16
    Lasagne aux asperges, *104*, 105
    Spaghettis au blé entier avec citron, et saumon, 100, *101*
Bâtonnets de poisson au parmesan, 206
Bellinis à la grenade et aux canneberges, 38
Bifteck de faux-filet avec vinaigrette aux olives noires, 139
Biscotti au chocolat et aux noisettes, *190*, *191*
Biscuits :
    au citron et à la ricotta avec glaçage au citron, 189
    Biscotti au chocolat et aux noisettes, *190*, *191*
Bœuf. Voir aussi Veau.
    Bifteck de faux-filet avec vinaigrette aux olives noires, 139
    Ragoût de, et de courge musquée, 138
    Rôti de bœuf avec sauce aux tomates épicée et persillée, 140, *141*
    Timbales d'aubergines, 106, *107-109*

Boisson frappée à l'Amaretto et aux framboises, 67
Boissons :
    Amaretto Sour avec Prosecco, 39
    Bellinis à la grenade et aux canneberges, 38
    Boisson frappée à l'Amaretto et aux framboises, 67
    Café américain épicé avec crème fouettée à la cannelle, 64, *65*
    Café au lait glacé, 66
    Martini aux pommes et au thym, *36*, *37*
Brochettes de tomates, de pastèque et de basilic, *24*, 25
Brocoli :
    Pâtés à la pizza, *216*, 217
    Pesto au rapini, 160, *161*
Bruschetta à la méditerranéenne, 22

Café :
    américain épicé avec crème fouettée à la cannelle, 64, *65*
    au lait glacé, 66
    Mousse au chocolat et à l'expresso avec crème fouettée à l'orange et au mascarpone, 180
    Ricotta au cappuccino, 181
Café américain épicé avec crème fouettée à la cannelle, 64, *65*
Café au lait glacé, 66
Calzones :
    Petits, 207
    Roulés au prosciutto et à la mozzarella, *208*, 209
Cantaloup :
    Salade de, d'oignon rouge et de noix de Grenoble, 72, *73*
    Soupe prosciutto et melon, 51
    Carbonara de Giada, *114*, 115
Champignons :
    Asperges, artichauts et, sautés avec vinaigrette à l'estragon, 93
    Crostata avec, et pancetta, 28-29
    Poulet aux fines herbes avec légumes printaniers, 148
    Rigatonis avec légumes à la bolognaise, 131
    style toscan, 23
Champignons style toscan, 23
Chocolat :
    Biscotti au, et aux noisettes, *190*, *191*
    Gâteau à l'amaretti, *186*, *187*

235

Gâteau croquant aux noisettes avec mascarpone et, 196-197, 198-199
Mousse au, et à l'expresso avec crème fouettée à l'orange et au mascarpone, 180
Panini au, avec brie, 58, 59
Panna cotta au, avec crème fouettée à l'Amaretto, 174, 175
Quatre-quarts avec pépites de, 224, 225
Sauce au, 182
Sauce au, maison, 224
Zeppole à l'orange et au, 182, 183
Citron :
   Biscuits au, et à la ricotta avec glaçage au, 189
   Huile de, 127
   Linguines au blé entier avec haricots verts, ricotta et citron, 112, 113
   Linguines aux crevettes et à l'huile de citron, 126, 127
   Risotto au, 121
   Salade de fregola, frais et oignon rouge, 80, 81
   Saumon avec brodetto au, et purée de pois, 166, 167
   Semifreddo aux agrumes, 176, 177
   Soupe consistante aux tomates avec, et romarin, 46, 47
   Spaghettis au blé entier avec, basilic et saumon, 100, 101
Côtelettes de porc à la marmelade d'oignons, 158
Côtelettes de porc avec sauce aux capres et au fenouil, 156, 157
Courge. Voir Courge musquée; Courgette.
Courge musquée :
   Ragoût de bœuf et de, 138
   Rigatonis à la courge et aux crevettes, 128, 129
   Risotto à la, et à la vanille, 122, 123
Courgette (s) :
   Crudi d'asperges et de, 78, 79
   et pommes de terre grillées avec croûte au parmesan, 90, 91
   Minestrone au poisson, sauce aux fines herbes, 50
   Poivrons farcis à l'orzo, 132, 133
Courgettes et pommes de terre grillées avec croûte au parmesan, 90, 91
Craquelins au pecorino, 34, 35
Crème fouettée à l'orange et au mascarpone, 180
Crêpes de pommes de terre au parmesan, 87
Crevettes :
   grillées avec bouillon d'artichauts et de tomates, 162
   Linguines aux, et à l'huile de citron, 126, 127
   Pennes avec, et sauce crémeuse aux fines herbes, 116

   recouvertes d'une croûte de polenta avec moutarde au miel, 204, 205
   Rigatonis à la courge et aux, 128, 129
Croissant panini, 57
Crostata avec champignons et pancetta, 28-29
Crostata avec pommes, noix de Grenoble et gorgonzola, 29
Croustilles de pitas, 18
Crudi d'asperges et de courgettes, 78, 79
Crustacés et mollusques :
   Crevettes grillées avec bouillon d'artichauts et de tomates, 162
   Crevettes recouvertes d'une croûte de polenta avec moutarde au miel, 204, 205
   Focaccia au homard, 54, 55
   Linguines aux crevettes et à l'huile de citron, 126, 127
   Pastina avec palourdes et moules, 102, 103
   Pennes avec crevettes et sauce crémeuse aux fines herbes, 116
   Ragoût de calmar épicé avec rôties à l'ail, 48, 49
   Rigatonis à la courge et aux crevettes, 128, 129

Desserts :
   Biscotti au chocolat et aux noisettes, 190, 191
   Biscuits au citron et à la ricotta avec glaçage au citron, 189
   Fruits d'été grillés, 222, 223
   Gâteau à l'amaretti, 186, 187
   Gâteau à la semoule de maïs et au romarin avec sirop balsamique, 194, 195
   Gâteau aux amandes, aux pignons et à l'abricot, 184, 185
   Gâteau croquant aux noisettes avec mascarpone et chocolat, 196-197, 198-199
   Glace italienne, 228, 229
   Granité aux fraises et au mascarpone, 172, 173
   Mousse au chocolat et à l'expresso avec crème fouettée à l'orange et au mascarpone, 180
   Panna cotta au chocolat avec crème fouettée à l'Amaretto, 174, 175
   Petits gâteaux au mascarpone glacés aux fraises, 220, 221
   Quatre-quarts à l'orange et à la ricotta avec fraises, 188
   Quatre-quarts aux pépites de chocolat, 224, 225
   Ricotta au cappuccino, 181
   Semifreddo aux agrumes, 176, 177
   Strata de baies, 192, 193

   Zeppole à l'orange et au chocolat, 182, 183
Escalopes de poulet avec sauce crémeuse au safran, 150, 151
Espadon poché dans l'huile d'olive avec pesto au rapini, 160, 161
Expresso :
   Café américain épicé avec crème fouettée à la cannelle, 64, 65
   Café au lait glacé, 66
   Mousse au chocolat et à l', avec crème fouettée à l'orange et au mascarpone, 180
   Ricotta au cappuccino, 181

Farro :
   avec pesto, 86
   Salade de, à la méditerranéenne, 84, 85
Fenouil :
   Côtelettes de porc avec sauce aux câpres et au, 156, 157
   Flétan grillé avec salsa de pamplemousse et de, 164, 165
   Salade de, avec prosciutto et pesto aux pistaches, 77
Flétan grillé avec salsa de pamplemousse et de fenouil, 164, 165
Focaccia au homard, 54, 55
Fontina :
   Crostata avec champignons et pancetta, 28-29
   Orzo cuit avec, et pois verts, 111
   Sauce à la, fondue, 118-120
Fraise(s) :
   Granité aux, et au mascarpone, 172, 173
   Petits gâteaux au mascarpone glacés aux, 220, 221
   Quatre-quarts à l'orange et à la ricotta avec, 188
Frittata de poulet et d'orzo, 61
Frittata de prosciutto et de linguines, 62, 63
Fromage de chèvre :
   Gâteau au fromage et aux poivrons rouges, 18, 19
   Salade d'aubergines grillées au chèvre, 76
   Strata de tomates fraîches et de, avec huile aux fines herbes, 16, 17
Fromage ricotta :
   Biscuits au citron et à la ricotta avec glaçage au citron, 189
   Bruschetta à la méditerranéenne, 22
   Gâteau au fromage et aux poivrons rouges, 18, 19
   Lasagne aux asperges, 104, 105
   Linguines au blé entier avec haricots verts, ricotta et citron, 112, 113

Manicottis à la bette à carde et aux pois, 118, *119*, 120
Quatre-quarts à l'orange et à la ricotta avec fraises, 188
Ricotta au cappuccino, 181
Tagliatelles aux saucisses, au, et à la purée de pois, 110
Fromages. Voir aussi Mascarpone; Mozzarella; Parmesan; Pecorino romano; Ricotta.
   Artichauts au four avec gorgonzola et fines herbes, 95
   Carbonara de Giada, *114*, 115
   Croissant panini, 57
   Crostata avec champignons et pancetta, 28-29
   Crostata avec pommes, noix de Grenoble et gorgonzola, 29
   Gâteau au fromage et aux poivrons rouges, 18, *19*
   Linguines au blé entier avec haricots verts et citron, 112, *113*
   Orecchiettes avec saucisses, haricots et mascarpone, 117
   Orzo cuit avec fontina et pois verts, 111
   Panini au chocolat avec brie, 58, *59*
   Panini au fromage taleggio et aux poires, 56
   Salade d'aubergines grillées au chèvre, 76
   Sauce à la fontina fondue, 118-120
   Strata de tomates fraîches et de, de chèvre avec huile aux fines herbes, 16, *17*
Fruits. Voir aussi les fruits spécifiques.
   d'été grillés, 222, *223*
Fusillis *alla Caprese*, *212*, 213

Gâteau à l'amaretti, 186, *187*
Gâteau à la semoule de maïs et au romarin avec sirop balsamique, 194, *195*
Gâteau au fromage et aux poivrons rouges, 18, *19*
Gâteau aux amandes, aux pignons et à l'abricot, *184*, 185
Gâteau(x) :
   à l'amaretti, 186, *187*
   à la semoule de maïs et au romarin avec sirop balsamique, 194, *195*
   aux amandes, aux pignons et à l'abricot, *184*, 185
   croquant aux noisettes avec mascarpone et chocolat, *196-197*, 198-199
   Quatre-quarts à l'orange et à la ricotta avec fraises, 188
   Quatre-quarts aux pépites de chocolat, 224, *225*
Glace italienne, 228, *229*
Gorgonzola :
   Artichauts au four avec, et fines herbes, 94, *95*
   Crostata avec pommes, noix de Grenoble et, 29
Grains :
   Crevettes recouvertes d'une croûte de polenta avec moutarde au miel, *204*, 205
   Farro avec pesto, 86
   Gâteau à la semoule de maïs et au romarin avec sirop balsamique, 194, *195*
   Risotto à la courge musquée et à la vanille, *112*, 123
   Risotto au citron, 121
   Salade de farro à la méditerranéenne, 84, *85*
Gratin d'artichauts, 92
Granité aux fraises et au mascarpone, 172, *173*

Hamburger d'agneau et de prosciutto, *142*, 143
Haricot(s) :
   Haricots verts et chou vert frisé épicés au parmesan, *88*, 89
   Linguines au blé entier avec, verts, ricotta et citron, 112, *113*
   Minestrone au poisson, sauce aux fines herbes, 50
   Orecchiettes avec saucisses, et mascarpone, 117
   Panini au thon et aux artichauts avec tartinade de pois chiches, 60
   Salade de farro à la méditerranéenne, 84, *85*
   Soupe à l'ail et aux haricots blancs de Toscane, 46, *47*
   Soupe consistante aux tomates avec citron et romarin, 44, *45*
Haricots verts :
   et chou vert frisé épicés au parmesan, *88*, 89
   Linguines au blé entier avec, ricotta et citron, 112, *113*
   Minestrone au poisson, sauce aux fines herbes, 50
   Salade de farro à la méditerranéenne, 84, *85*
Haricots verts et chou vert épicés au parmesan, *88*, 89
Huile au citron, 127
Huile aux fines herbes, 16
Huile d'orange, 81

Jambon. Voir Prosciutto.

Lasagne aux asperges, *104*, 105
Légume(s). Voir aussi les légumes spécifiques.
   Minestrone au poisson, sauce aux fines herbes, 50
   Poulet aux fines herbes avec, printaniers, 148
   Rigatonis avec, à la bolognaise, 131
Légumes verts :
   Haricots verts et chou vert frisé épicés au parmesan, *88*, 89
   Manicottis à la bette à carde et aux pois, 118, *119*, 120
Linguine(s) :
   au blé entier avec haricots verts, ricotta et citron, 112, *113*
   aux crevettes et à l'huile de citron, *126*, 127
   Carbonara de Giada, *114*, 115
   Fritatta de prosciutto et de, 62, *63*
Linguines au blé entier avec haricots verts, ricotta et citron, 112, *113*
Longe de porc rôtie avec vinaigrette à l'ail rôti, 159

Manicottis à la bette à carde et aux pois, 118, *119*, 120
Marmelade d'oignons, 158
Martini aux pommes et au thym, 36, *37*
Mascarpone :
   Crème fouettée à l'orange et au, 180
   Gâteau croquant aux noisettes avec, et chocolat, *196-197*, 198-199
   Granité aux fraises et au, 172, *173*
   Orecchiettes avec saucisses, haricots et, 117
   Petits gâteaux au, glacés aux fraises, *220*, 221
Melon :
   Brochettes de tomates, de pastèque et de basilic, *24*, 25
   Salade de cantaloup, d'oignon rouge et de noix de Grenoble, 72, *73*
   Soupe prosciutto et, 51
Menthe :
   Huile aux fines herbes, 16
   Ragoût d'agneau à la, 144, *145*
Menus : 232-233
Minestrone au poisson, sauce aux fines herbes, 50
Mousse au chocolat et à l'expresso avec crème fouettée à l'orange et au mascarpone, 180
Mozzarella :
   Crostata avec champignons et pancetta, 28-29
   Frittata de prosciutto et de linguines, 62, *63*
   fumée croustillante avec figues et miel, 26, *27*
   Fusillis *alla Caprese*, *212*, 213
   Lasagne aux asperges, *104*, 105
   Manicottis à la bette de carde et aux pois, 118, *119*, 120

Orecchiettes avec petites boulettes de poulet, 210, *211*
Orzo cuit avec fontina et pois verts, 111
Pâtés à la pizza, *216*, *217*
Roulés au prosciutto et à la, *208*, *209*
Timbales d'aubergines, 106, *107-109*
Mozzarella fumée et croustillante avec figues et miel, 26, *27*
Muffins à l'huile d'olive, 33
Muffins au maïs, à l'ail et aux tomates séchées au soleil, *30-31*, 32

Noisettes :
  Biscotti au chocolat et aux, 190, *191*
  Farro avec pesto, 86
  Fines herbes. Voir aussi Basilic; Menthe.
  Gâteau croquant aux, avec mascarpone et chocolat, *196-197*, 198-199
  Huile aux, 16
  Poulet aux, avec légumes printaniers, 148
  Sauce aux tomates épicée et persillée, 140
  Sauce aux, 50
  Sirop simple au thym, 36
  Vinaigrette à l'estragon, 93
Noix. Voir aussi Noix de Grenoble.
  Biscotti au chocolat et aux noisettes, 190, *191*
  Gâteau aux amandes, aux pignons et à l'abricot, *184*, 185
  Gâteau croquant aux noisettes avec mascarpone et chocolat, *196-197*, 198-199
  Muffins à l'huile d'olive, 33
  Pesto aux pistaches, 77
Noix de Grenoble :
  Crostata avec pommes, et gorgonzola, 29
  Pesto au rapini, 160, *161*
  Salade de cantaloup, d'oignon rouge et de, 72, *73*
  Strata de tomates fraîches et de fromage de chèvre avec huile aux fines herbes, 16, *17*

Œufs :
  Carbonara de Giada, *114*, 115
  Frittata de poulet et d'orzo, 61
  Frittata de prosciutto et de linguines, *62*, *63*
Olives :
  Bifteck de faux-filet avec vinaigrette aux, noires, 139
  Champignons style toscan, 23
  Salade de farro à la méditerranéenne, *84*, *85*
  Salade estivale à la romaine, *74*, 75
  Vinaigrette aux, noires, 139
Orange(s) :
  Crème fouettée à l', et au mascarpone, 180

Huile d', 81
Salade de fregola avec citron frais et oignon rouge, *80*, 81
Vinaigrette à l', 72
Zeppole à l', et au chocolat, *182*, *183*
Orecchiettes :
  avec petites boulettes de poulet, 210, *211*
  avec saucisses, haricots et mascarpone, 117
Orzo :
  aux saucisses, aux poivrons et aux tomates, *214*, *215*
  cuit avec fontina et pois verts, 111
  Frittata de poulet et d', 61
  Poivrons farcis à l', *132*, *133*
Osso buco à la dinde, *146*, *147*

Pain :
  Craquelins au pecorino, *34*, 35
  Croustilles de pita, 18
  Muffins à l'huile d'olive, 33
  Muffins au maïs, à l'ail et aux tomates séchées au soleil, 32
  Rôties à l'ail, 49
Pamplemousse :
  Flétan grillé avec salsa de, et de fenouil, *164*, 165
  Salade de fregola avec citron frais et oignon rouge, *80*, 81
Pancetta :
  Crostata avec champignons et, 28-29
  Sandwich au poulet et au cari avec radicchio et, *52*, 53
Panini au chocolat avec brie, 58, *59*
Panini au fromage taleggio et aux poires, 56
Panini au thon et aux artichauts avec tartinade aux pois chiches, 60
Panna cotta au chocolat avec crème fouettée à l'Amaretto, 174, *175*
Parmesan :
  Batonnets de poisson au, 206
  Courgettes et pommes de terre grillées avec croûte au, 90, *91*
  Crêpes de pommes de terre au, 87
  Croissant panini, 57
  Gratin d'artichauts, 92
  Haricots verts et chou vert frisé épicés frisé au, *88*, 89
  Lasagne aux asperges, *104*, 105
  Manicottis à la bette de carde et aux pois, 118, *119*, 120
  Petits calzones, 207
  Salade de farro à la méditerranéenne, *84*, *85*
Pastina avec palourdes et moules, 102, *103*
Pâtes :
  Carbonara de Giada, *114*, 115
  Frittata de poulet et d'orzo, 61
  Frittata de prosciutto et de linguines, *62*, *63*

Fusillis *alla Caprese*, *212*, 213
Lasagne aux asperges, *104*, 105
Linguine aux crevettes et à l'huile de citron, *126*, *127*
Linguines au blé entier avec haricots verts, ricotta et citron, 112, *113*
Manicottis à la bette de carde et aux pois, 118, *119*, 120
Orecchiettes avec petites boulettes de poulet, 210, *211*
Orecchiettes avec saucisses, haricots et mascarpone, 117
Orzo aux saucisses, aux poivrons et aux tomates, *214*, *215*
Orzo cuit avec fontina et pois verts, 111
Pastina avec palourdes et moules, 102, *103*
Pennes avec crevettes et sauce crémeuse aux fines herbes, 116
Pennes avec purée d'aubergine, 130
Poivrons farcis à l'orzo, *132*, *133*
Rigatonis à la courge et aux crevettes, *128*, 129
Rigatonis avec légumes à la bolognaise, 131
Salade de fregola avec citron frais et oignon rouge, *80*, 81
Spaghettis au blé entier avec citron, basilic et saumon, 100, *101*
Tagliatelles aux saucisses, au fromage ricotta et à la purée de pois, 110
Timbales d'aubergines, 106, *107-109*
Pâtés à la pizza, *216*, *217*
Pecorino romano :
  avec pommes et confitures de figues, *20*, 21
  Carbonara de Giada, *114*, 115
  Champignons style toscan, 23
  Craquelins au pecorino, *34*, 35
  Timbales d'aubergines, 106, *107-109*
Pecorino romano avec pommes et confiture de figues, *20*, 21
Pennes avec purée d'aubergines, 130
Pesto :
  au rapini, 160, *161*
  Farro avec, 86
  Salde de fenouil avec prosciutto et, aux pistaches, 77
  Saumon avec pâte feuilletée et, 163
Pesto aux pistaches, 77
Petits calzones, 207
Petits gâteaux au mascarpone glacés aux fraises, *220*, 221
Pilons de poulet sucrés et collants, *218*, *219*
Plats d'accompagnement :
  Artichauts au four avec gorgonzola et fines herbes, 94, *95*
  Asperges, artichauts et champignons sautés avec vinaigrette à l'estragon, 93

Courgettes et pommes de terre grillées avec croûte au parmesan, 90, *91*
Crêpes de pommes de terre au parmesan, 87
Farro avec pesto, 86
Gratin d'artichauts, 92
Haricots verts et chou vert frisé épicés au parmesan, *88*, 89
Poivrons farcis à l'orzo, 132, *133*
Risotto à la courge musquée et à la vanille, *122*, 123
Risotto au citron, 121
Plats principaux (pâtes et grains):
  Carbonara de Giada, *114*, 115
  Fusillis *alla Caprese*, *212*, 213
  Lasagne aux asperges, *104*, 105
  Linguines au blé entier avec haricots verts, ricotta et citron, 112, *113*
  Linguines aux crevettes et à l'huile de citron, *126*, 127
  Manicottis à la bette à carde et aux pois, 118, *119*, 120
  Orecchiettes avec petites boulettes de poulet, 210, *211*
  Orecchiettes avec saucisses, haricots et mascarpone, 117
  Orzo aux saucisses, aux poivrons et aux tomates, 214, *215*
  Orzo cuit avec fontina et pois verts, 111
  Pastina avec palourdes et moules, 102, *103*
  Pennes avec crevettes et sauce crémeuse aux fines herbes, 116
  Pennes avec purée d'aubergines, 130
  Rigatonis à la courge et aux crevettes, *128*, 129
  Rigatonis avec légumes à la bolognaise, 131
  Risotto à la courge musquée et à la vanille, *122*, 123
  Risotto au citron, 121
  Spaghettis au blé entier avec citron, basilic et saumon, 100, *101*
  Tagliatelles aux saucisses, au fromage ricotta et à la purée de pois, 110
  Timbales d'aubergines, 106, *107-109*
Plats principaux (viande, volaille, fruits de mer) :
  Bâtonnets de poisson au parmesan, 206
  Bifteck de faux-filet avec vinaigrette aux olives noires, 139
  Côtelettes de porc à la marmelade d'oignons, 158
  Côtelettes de porc avec sauce aux câpres et au fenouil, *156*, 157
  Crevettes grillées avec bouillon d'artichauts et de tomates, 162

Crevettes recouvertes d'une croûte de polenta avec moutarde au miel, *204*, 205
Escalopes de poulet avec sauce crémeuse au safran, *150*, 151
Espadon poché dans l'huile d'olive avec pesto au rapini, 160, *161*
Flétan grillé avec salsa de pamplemousses et de fenouil, *164*, 165
Hamburger d'agneau et de prosciutto, *142*, 143
Longe de porc rôtie avec vinaigrette à l'ail rôti, 159
Osso buco à la dinde, 146, *147*
Pâtés à la pizza, *216*, 217
Pilons de poulet sucrés et collants, 218, *219*
Poulet à la sauce balsamique barbecue, 149
Poulet aux fines herbes avec légumes printaniers, 148
Ragoût d'agneau à la menthe, 144, *145*
Ragoût de bœuf et de courge musquée, 138
Rôti de bœuf avec sauce aux tomates épicée et persillée, 140, *141*
Saltimbocca de côtelettes de veau, *152*, 153
Saumon avec brodetto au citron et purée de pois, 166, *167*
Saumon avec pâte feuilletée et pesto, 163
Pois :
  Manicottis à la bette à carde et aux, 118, *119*, 120
  Orzo cuit avec fontina et, verts, 111
  Poulet aux fines herbes avec légumes printaniers, 148
  Saumon avec brodetto au citron et purée de, 166, *167*
  Tagliatelles aux saucisses, au fromage ricotta et à la purée de, 110
Pois chiche(s) :
  Minestrone au poisson, sauce aux fines herbes, 50
  Panini au thon et aux artichauts avec tartinade de, 60
Poisson :
  Bâtonnets de, au parmesan, 206
  Espadon poché dans l'huile d'olive avec pesto au rapini, 160, *161*
  Flétan grille avec salsa de pamplemousse et de fenouil, *164*, 165
  Minestrone au, sauce aux fines herbes, 50
  Panini au thon et aux artichauts avec tartinade de pois chiches, 60
  Saumon avec brodetto au citron et purée de pois, 166, *167*

Saumon avec pâte feuilletée et pesto, 163
Spaghettis au blé entier avec citron, basilic et saumon, 100, *101*
Poivron(s) :
  Champignons style toscan, 23
  farcis à l'orzo, 132, *133*
  Gâteau au fromage et aux, rouges, 18, *19*
  Orzo aux saucisses, aux, et aux tomates, 214, *215*
  Salade de farro à la méditerranéenne, 84, *85*
Pomme(s) :
  Crostata avec, noix de Grenoble et gorgonzola, 29
  Martini aux, et au thym, 36, *37*
  Pecorino romano avec, et confiture de figues, 20, *21*
Porc. Voir aussi Pancetta; Saucisses au porc; Prosciutto.
  Côtelettes de, à la marmelade d'oignons, 158
  Côtelettes de, avec sauce aux câpres et au fenouil, *156*, 157
  Longe de, rôtie avec vinaigrette à l'ail rôti, 159
Poulet :
  à la sauce balsamique barbecue, 149
  aux fines herbes avec légumes printaniers, 148
  Escalopes de, avec sauce crémeuse au safran, *150*, 151
  Frittata de, et d'orzo, 61
  Orecchiettes avec petites boulettes de, 210, *211*
  Pâtés à la pizza, *216*, 217
  Pilons de, sucrés et collants, 218, *219*
  Sandwich au poulet et au cari avec radicchio et pancetta, *52*, 53
Prosciutto :
  Frittata de, et de linguines, 62, *63*
  Hamburger d'agneau et de, *142*, 143
  Roulés au, et à la mozzarella, *208*, 209
  Salade de fenouil avec, et pesto aux pistaches, 77
  Saltimbocca de côtelettes de veau, *152*, 153
  Soupe, et melon, 51

Quatre-quarts à l'orange et à la ricotta avec fraises, 188
Quatre-quarts aux pépites de chocolat, 224, *225*

Ragoût :
  d'agneau à la menthe, 144, *145*
  de bœuf et de courge musquée, 138
  de calmar épicé avec rôties à l'ail, 48, *49*
Ricotta au cappuccino, 181

Rigatonis à la courge et aux crevettes, *128*, 129
Rigatonis avec légumes à la bolognaise, 131
Risotto à la courge musquée et à la vanille, *122*, 123
Risotto au citron, 121
Riz. Voir Risotto.
Rôties à l'ail, 49
Roulés au prosciutto et à la mozzarella, *208*, 209

Salade de farro à la méditerranéenne, 84, *85*
Salade de fenouil avec prosciutto et pesto aux pistaches, 77
Salade de fregola avec citron frais et oignon rouge, *80*, 81
Salade estivale à la romaine, *74*, 75
Salade(s) :
   Crudi d'asperges et de courgettes, *78*, 79
   d'aubergines grillées au chèvre, 76
   de cantaloup, d'oignon rouge et de noix de Grenoble, *72*, 73
   de farro à la méditerranéenne, 84, *85*
   de fenouil avec prosciutto et pesto aux pistaches, 77
   de fregola avec citron frais et oignon rouge, *80*, 81
   estivale à la romaine, *74*, 75
Saltimbocca de côtelettes de veau, *152*, 153
Sandwich au poulet et au cari avec radicchio et pancetta, *52*, 53
Sandwiches et calzones :
   au poulet et au cari avec radicchio et pancetta, *52*, 53
   Croissant panini, 57
   Focaccia au homard, *54*, 55
   Panini au chocolat avec brie, *58*, 59
   Panini au fromage taleggio et aux poires, 56
   Panini au thon et aux artichauts avec tartinade de pois chiches, 60
   Petits calzones, 207
   Roulés au prosciutto et à la mozzarella, *208*, 209
Sauce aux tomates épicée et persillée, 140
Sauce avec moutarde au miel 205
Sauce balsamique barbecue, 149
Sauce marinara,144
Sauce moutarde au miel, 205
Sauce(s) :
   à la fontina fondue, 118-120
   Aioli au basilic, 115
   au chocolat maison, 224
   au chocolat, 182
   aux fines herbes, 50
   aux tomates, 217
   aux tomates épicée et persillée, 140

   balsamique barbecue, 149
   marinara, 144
   moutarde au miel, 205
   Trempette, 206
Saucisses. Voir Saucisses de porc; Saucisses à la dinde.
Saucisses de dinde :
   Orecchiettes avec saucisses, haricots et mascarpone, 117
   Orzo aux saucisses, aux poivrons et aux tomates, 214, *215*
   Petits calzones, 207
Saucisses de porc :
   Croissant panini, 57
   Tagliatelles aux saucisses, au fromage ricotta et à la purée de pois, 110
   Timbales d'aubergines, 106, *107-109*
Saumon :
   avec brodetto au citron et purée de pois, 166, *167*
   avec pâte feuilletée et pesto, 163
   Bâtonnets de poisson au parmesan, 206
   Spaghettis au blé entier avec citron, basilic et, 100, *101*
Saumon avec pâte feuilletée et pesto, 163
Semifreddo aux agrumes, *176*, 177
Sirop balsamique, 194
Sirop simple : 38
   à la cannelle, 66
   au thym, 36
Sirop simple à la cannelle, 66
Sirop simple au thym, 36
Soupes. Voir aussi Ragoûts.
   à l'ail et aux haricots blancs de Toscane, 46, *47*
   consistante aux tomates avec citron et romarin, 44, *45*
   Minestrone au poisson, sauce aux fines herbes, 50
   prosciutto et melon, 51
Spaghettis au blé entier avec citron, basilic et saumon, 100, *101*
Strata de baies, *192*, 193
Strata de tomates fraîches et de fromage de chèvre avec huile aux fines herbes, 16, *17*

Tagliatelles aux saucisses, au fromage ricotta et à la purée de pois, 110
Tartes. Voir Crostata.
Timbales d'aubergines, 106, *107-109*
Tomate(s) :
   Brochettes de, de pastèque et de basilic, *24*, 25
   Bruschetta à la méditerranéenne, 22
   Crevettes grillées avec bouillon d'artichauts et de, 162
   Fusillis *alla Caprese*, *212*, 213

Lasagne aux asperges, *104*, 105
Muffins au maïs, à l'ail et aux, séchées au soleil, *30-31*, 32
Orzo aux saucisses, aux poivrons, et aux, 214, *215*
Poivrons farcis à l'orzo, 132, *133*
Salade estivale à la romaine, *74*, 75
Sauce aux, 217
Sauce aux, épicée et persillée, 140
Sauce marinara, 144
Soupe consistante aux, avec citron et romarin, 44, *45*
Soupe prosciutto et melon, 51
Strata de, fraîches et de fromage de chèvre avec huile aux fines herbes, 16, *17*

Vinaigrette :
   à l'ail rôti, 159
   à l'estragon, 93
   à l'orange, 72
   aux olives noires, 139
Vinaigrette à l'estragon, 93

Zeppole à l'orange et au chocolat, 182, *183*